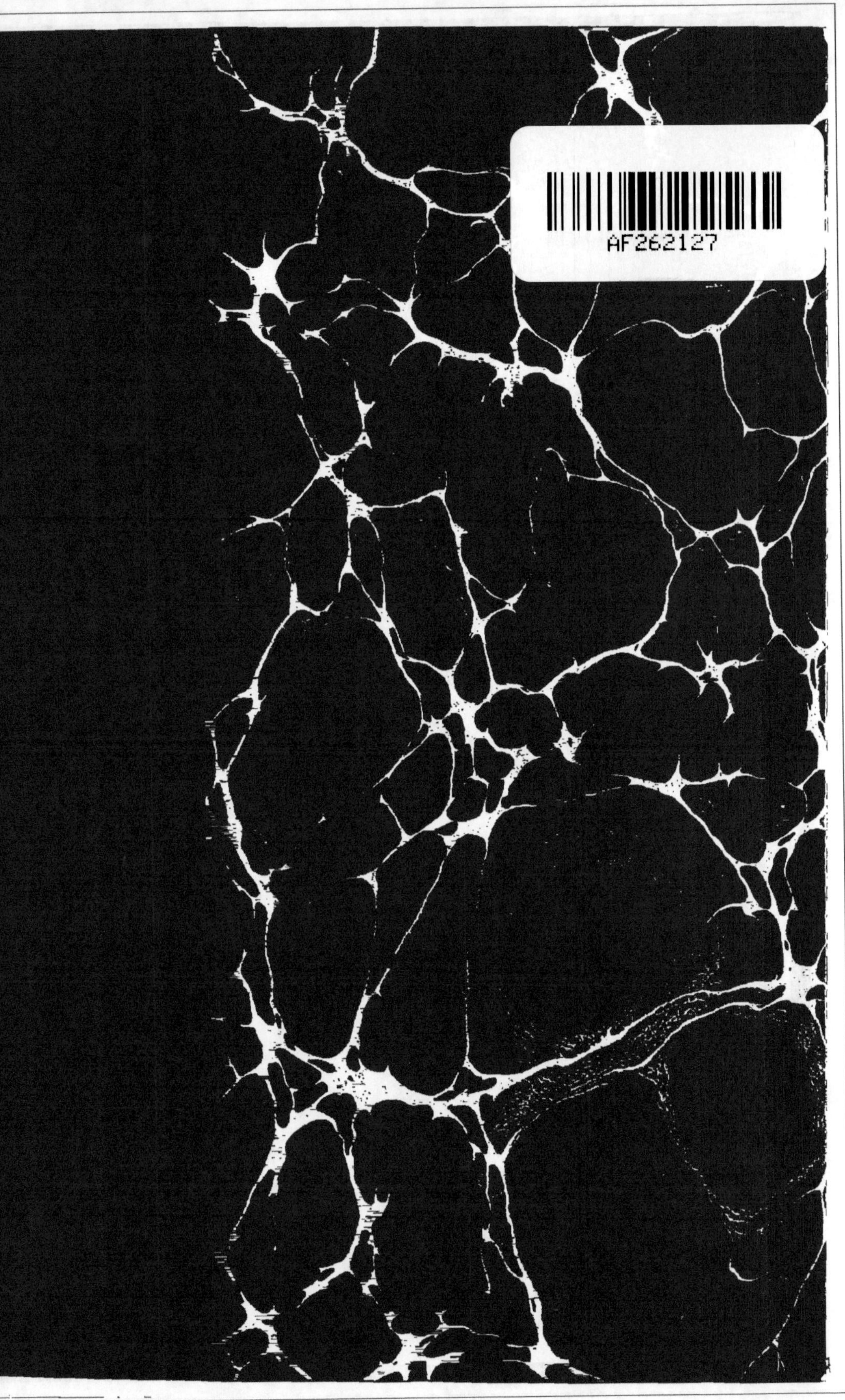
AF262127

HISTOIRE

ANCIENNE,

OU

PREMIÈRE PARTIE

DE

L'HISTOIRE

DES HOMMES.

HISTOIRE
DES HOMMES,

OU

HISTOIRE

NOUVELLE

DE TOUS LES PEUPLES

DU MONDE.

PARTIE DE L'HISTOIRE ANCIENNE.

TOME XXXI.

A PARIS.

M. DCC. LXXXIV.

Avec Approbation & Privilége du Roi.

SUITE

DE
L'HISTOIRE
DE
L'ANCIENNE ROME.

DÉMÊLÉS DE TARENTE AVEC ROME, QUI AMÈNENT L'INVASION DE PYRHUS (a).

ROME commence à entrer dans son âge de maturité; elle ne se bornera plus

---

(a) *Tit.-Liv.* Epitom. lib. 12. *Pausan.* lib. 1.
Justin. lib. 18. *Dionys. Halicarn.* excerpt. legat.
Eutrop. passim. *Plin.* Hist. Natur. lib. 3. *Flor.*
lib. 1. *Strab.* Geogr. lib. 6. *Plutarch.* in Pyrhœ.

à des expéditions de Sauvages; ſes plans de campagnes ſeront plus vaſtes & exécutés avec plus d'intelligence; elle trouvera dans la perſonne des Pyrhus & des Annibal des ennemis dignes d'elle, & elle leur oppoſera des Héros qui auront un plus grand caractère. Son enfance ne ſe prolongera que dans ſon Gouvernement intérieur; mais il faut l'attribuer au vice de ſa légiſlation, ouvrage informe & contradictoire de toutes les têtes, bien ou mal organiſées, qui y ont coopéré: car ſi à ſa poſition heureuſe ſur les confins de l'Europe & de l'Afrique, au profond Machiavéliſme qu'elle a mis dans ſa conquête du Monde, au patriotiſme qu'elle a ſu inſpirer à ſes grands Hommes, elle avait joint la conſtitution mâle & vigoureuſe de Lacédémone, elle aurait été la République éternelle.

Zonar. lib. 8. *Appian.* apud fulv. urſin. *Cicer.* de divinat. lib. 2. — Ces Ecrivains ſeront nos guides juſqu'à la fin de l'Hiſtoire de Pyrhus & de ſes guerres avec la République.

L'invasion de Pyrhus dans l'Italie est
due aux projets destructeurs de Rome
contre Tarente, une des Métropoles de
la grande Grèce, & cette cause qui jette
un grand jour sur le caractère des deux
Peuples, mérite d'être développée.

L'Italie, ainsi que nous avons eu occasion de l'observer, a dû, en grande
partie, aux Grecs, sa population, son
culte, ses mœurs & ses loix ; ainsi à cet
égard, Rome n'est qu'une Colonie de la
grande Grèce, qui l'était elle-même du
Péloponèse ; mais comme par la nature
des choses humaines qui naissent pour
croître & ensuite pour périr, les Métropoles étant plus avancées dans la civilisation que leurs Colonies doivent se
trouver dans leur décadence, quand celles-
ci n'atteignent encore que leur maturité ;
il s'enfuit que lorsque les Romains, qui
en qualité de conquérans, ne se piquèrent
jamais de reconnaissance, voulurent détruire leurs pères, ils n'eurent besoin que
de se présenter devant leurs possessions

pour les envahir ; les armes de ces vieux Athletes étaient d'or, & cet or masquait leur faiblesse.

C'est sur-tout dans la guerre avec Tarente que Rome, qui n'avait pas encore eu le temps de se laisser dégrader par le luxe, apprit le secret de ses forces. Tarente fondée, suivant une tradition, par les Crétois, & suivant une autre par les Héraclides, était, de temps immémorial, le centre des arts en Italie. Pythagore, le grand Pythagore, y avait fait un long séjour, qui n'avait été inutile ni à sa gloire, ni au progrès de l'esprit humain : elle avait aussi profité, avec laplus grande intelligence, de son heureuse position au fond du Golfe auquel elle avait donné son nom, pour dominer sur les mers, & exercer un commerce lucratif avec l'Epire, l'Illyrie, l'Achaie, la Sicile & l'Afrique. Mais ses navigations heureuses, source de son opulence, avaient altéré de bonne heure les mœurs de ses Citoyens : occupés tout entiers de leur théatre, de leurs serrails

& de leurs Eunuques, ils n'avaient que le nom de Grecs, & avaient fait paſſer dans leurs remparts le faſte & la molleſſe des Métropoles de l'Orient. Strabon les peint d'un ſeul trait, quand il dit que le nombre de leurs fêtes était ſupérieur à celui des jours de leur année civile. Un théatre magnifique qu'ils avaient fait conſtruire près du port & en face de la mer, donna lieu à leur querelle avec Rome, qui fut le germe de leur décadence.

Tarente était aſſemblée preſque toute entière dans ſon vaſte théatre, qui ſervit dans la ſuite de modèle à ceux de Pompée & de Marcellus, lorſqu'une eſcadre Romaine de dix vaiſſeaux, commandée par le Décemvir Valère, ſe préſenta pour mouiller dans le Port. Juſqu'à ce moment, les Tarentins qui, en qualité de Grecs, du ſiècle de Périclès, traitairent de barbares tous les Peuples chès qui les arts n'avaient point pénétré, avaient regardé, avec le dédain le plus mépriſant, la puiſſance Romaine; ils avaient applaudi, mais ſans y entrer, à toutes les ligues tramées en Italie, pour la renverfer. Quand ils virent les vaiffeaux de la République cingler à pleines voiles vers leur rade, croyant les prétendus barbares qui les montaient, capables d'une perfidie, qu'ils auraient euxmêmes imaginée, ils pensèrent qu'on ne defcendait chez eux que pour les furprendre. Une efpèce d'Alcibiade qui paraiffait les gouverner & qui avait du moins les mœurs du Héros d'Athènes, s'il n'avait pas fon génie, les harangua alors, pour leur perfuader que les Romains s'étaient engagés, par d'anciens traités, à ne point naviguer dans leur golfe, & les échauffa fi bien par fes propos incendiaires, que fortant à l'inftant du théatre, ils armèrent leurs vaiffeaux, & fondirent, avec fureur, fur l'efcadre Romaine. Valère qui fongeait, non à combattre, mais à fe radouber, prend la fuite ; on le pourfuit, quatre de fes navires, dans l'action, font coulés bas, un autre eft pris & conduit dans le Port : le Peuple qui, comme il

arrive dans toutes les démocraties dégéné-
rées, mesure son insolence dans la pros-
périté à sa bassesse dans les désastres qu'il
éprouve, prononça un arrêt de mort contre
tous les Romains en état de porter les
armes ; le reste fut vendu comme Esclave.

Rome instruite d'un pareil attentat,
frémit d'indignation ; mais comme les
Samnites occupaient ses armées, ne voulant pas avoir plusieurs ennemis sur les
bras, elle envoya une ambassade à Tarente, pour demander une réparation
proportionnée à l'injure. Les Citoyens
s'assemblèrent, pour délibérer, dans l'enceinte du théatre : c'était un jour de fête,
& la plupart se trouvaient dans l'ivresse
la plus indécente. A peine les Députés
furent-ils introduits, que la multitude,
à la vue de leur toge & de leur air décon-
tenancé, se mit à rire. On se demandait,
comme à l'égard de l'Usbek des Lettres
Persannes : *Comment peut-on être Romain ?*
Posthumius, le Chef de l'ambassade,

voulut ouvrir la bouche, & le rire redoubla : comme le Grec lui était étranger, on trouvait mauvais que sa harangue n'eût pas l'atticisme de celles de Périclès ou d'Hérodote ; à la fin, les clameurs devinrent si violentes, que l'Orateur voulut en témoigner son mécontentement. Les Tarentins s'offensèrent, & Posthumius, avec sa suite, fut chassé du théatre avec ignominie.

Cet outrage ne fut pas le dernier qu'essuyèrent les Ambassadeurs. Pendant qu'ils défilairent devant le Peuple, un bouffon, nommé Philomède, eut l'impudence de souiller d'urine leurs habits : la populace applaudit à ce trait de cynisme. *Oui, riés,* leur dit Posthumius, *vos ris ne tarderont pas à se changer en pleurs ; ma toge est souillée, mais c'est en l'arrosant de votre sang que ses taches pourront un jour disparaître.*

Le Sénat, au retour de Posthumius, crut qu'il était de sa dignité de ne plus retarder une guerre, que l'insolence des

Tarentins rendait néceffaire, & il donna ordre au Conful Emilius de conduire dans la grande Grèce les légions qu'il commandait dans le Samnium.

Au bruit des premières hoftilités, Tarente fortit de fa léthargie ; elle n'était point en état, avec fes Muficiens, fes Eunuques & fes bouffons, de réfifter aux vainqueurs de Porfena & de Brennus : d'un autre côté, il ne convenait pas aux defcendans des Héraclides de faire une fatisfaction humiliante à des barbares; ils prirent un troifième parti, ce fut d'envoyer une ambaffade en Epire, pour appeller à leur défenfe le célèbre Pyrhus.

Il y avait alors dans la ville un homme de fens, nommé Méton, qui craignant que le protecteur de Tarente ne vînt l'affervir, employa une efpèce d'apologue pour ouvrir les yeux à la multitude. Sur le bruit du décret qui allait être dreffé, il fe rend au théatre, une couronne flétrie fur la tête & une torche à la main, comme s'il fortait d'une orgie. Il s'ap-

puyait négligemment fur le bras d'une
Courtifane. Le Peuple, à la vue de ce
couple fingulier, bat des mains, & or-
donne à l'un de chanter, & à l'autre de
jouer de la flûte. Méton fait faire filence;
mais au lieu de l'hymne qu'on attendait
de lui : « Chers Concitoyens, dit-il, rien
» n'eft plus à fa place que de livrer à
» leur gaieté naturelle les hommes qui
» peuvent fe réjouir encore. Vous mêmes,
» fi vous étiés fages, vous nous imiteriés
» dans nos orgies, & vous vous hâteriés
» de jouir, à cet égard, d'une liberté
» fugitive; car du moment que Pyrhus
» paraîtra dans nos remparts, ce font les
» mœurs & la vie auftère du conquérant
» que vous ferés contraints d'adopter ».

Ces repréfentations faites dans la langue
populaire, la feule que les Tarentins fuf-
fent à portée d'entendre, excitèrent d'a-
bord quelque fenfation ; mais la cabale
dominante était celle des infenfés qui
avaient accablé d'outrages les Ambaffadeurs de Rome, & qui craignaient, fi la

paix venait à fe conclure, d'être livrés à des vengeurs irrités ; cette cabale fe faifit du faifeur d'apologues, & le chaffa de l'affemblée. Alors le décret qui appellait Pyrhus en Italie, paffa tout d'une voix, & on envoya à ce Héros une brillante ambaffade.

HISTOIRE

DE PYRHUS (a).

Pyrhus méritait d'être, non un conquérant, mais un grand Roi ; car il avait été long-temps malheureux, & il avait supporté son malheur avec courage. Ce Prince était encore dans son berceau, quand Eacide son père fut détrôné. L'usurpateur qui voulait régner tranquille, fit arrêter, à son avènement, tous les amis de son Souverain légitime, & les envoya au supplice. La proscription tomba, à plus forte raison, sur la famille d'Eacide : aussi quelques bons Citoyens à qui le sang de leurs Rois était plus cher que leur vie, n'eurent

(a) Nous devons ici, en qualité d'Historiens des hommes, des détails sur la personne de Pyrhus, n'ayant fait qu'esquisser le portrait de ce Prince dans l'Histoire de la Grèce.

que le temps d'enlever du palais le jeune
Pyrhus, & de le faire partir pour une
contrée étrangère, avec des nourrices pour
l'allaiter, & des Esclaves armés pour le
défendre.

Les regards des tyrans ne sont pas moins
clairvoyans que ceux des patriotes : l'usurpateur apprit la fuite de Pyrhus, & ne
voulant pas consommer son crime à demi,
il fit partir de tout côté des Satellites pour
égorger l'héritier légitime de son Souverain. Un enfant au berceau, des femmes,
des Esclaves à pied, ne sauraient ni cacher
leur route ni la précipiter ; aussi la troupe
fugitive fut-elle bientôt atteinte. Les Citoyens qui s'étaient chargés de rendre un
jour à ses Peuples l'orphelin royal, prirent alors le parti de charger du berceau
où Pyrhus était renfermé, trois Epirotes
de leur escorte, hommes légers à la course,
robustes & fidèles ; ils avaient ordre de
courir sans s'arrêter jusqu'à Mégare, une
des villes de la Macédoine. Pendant ce
temps-là, sacrifiant leur vie, pour favo-

rifer l'évafion des Epirotes , ces hommes magnanimes combattirent jufqu'à la nuit contre les Satellites du tyran , & à force de bravoure , malgré le grand nombre de ces fcélérats , ils vinrent à bout de les dif-perfer.

L'efcorte de Pyrhus arriva au milieu de la nuit, à la vue de Mégare , & déjà elle croyait le Prince fauvé , quand elle fut tout d'un coup arrêté par une grande rivière qui baigne les murs de la Ville & fur laquelle il n'y avait aucun pont de jetté. Les Epirotes cherchèrent un gué , mais en vain ; car outre que la rivière était natu-rellement d'une profondeur qui la ren-dait inacceffible , fes eaux fe trouvaient enflées par de nouveaux torrens qui s'y précipitaient. Cependant on approchait du point du jour , & les foldats de l'ufur-pateur , tout difperfés qu'ils étaient , pou-vaient fe réunir ; les allarmes , la terreur croiffaient à chaque inftant ; heureufement on entendit paffer quelques Macédoniens de l'autre côté du fleuve. Comme le bruit des flots empêchait d'avoir avec eux un entretien fuivi, un des Epirotes fe hâta de prendre une écorce de chêne, & d'y graver avec l'ardillon d'une agraffe, le nom de Pyrhus, avec quelques mots touchans fur fes malheurs; enfuite roulant cette écorce autour d'une pierre, il la lança avec le fecours d'une fronde à l'autre rive du fleuve. Les Macédoniens, inftruits du péril de l'héritier du trône d'Epire, allèrent couper des arbres, les lièrent enfemble avec des joncs, & en formèrent des radeaux fur lefquels Pyrhus paffa avec les hommes généreux qui veillaient à fa deftinée.

Cependant l'Odyffée du nouvel Ulyffe n'était pas à fon terme : après avoir traverfé la Macédoine, non fans péril, l'efcorte du jeune Pyrhus alla demander un afyle en Illyrie à Glaucias, qui avait époufé une Princeffe du fang d'Eacide; mais la politique cruelle des Rois connaît-elle la nature ? Glaucias avait été menacé du courroux de l'ufurpateur de l'Epire, s'il

recueillait les infortunés qu'il venait de
proscrire ; aussi quand les défenseurs de
Pyrhus, après s'être eux-mêmes prosternés,
eurent mis l'enfant royal aux pieds du
Monarque qu'ils cherchaient à attendrir,
celui-ci gardant un silence farouche, parut
rêver aux moyens de remplir les vues du
tyran, sans se rendre trop odieux : dans
ce moment Pyrhus se traînant de lui-
même, étendit ses petits bras vers les
franges de la robe de Glaucias, & avec
ce point d'appui, se leva sur ses pieds, &
serrant les genoux du Monarque, parut
les embrasser. Ce trait fit croire au Roi
d'Illyrie que l'enfant, qui lui demandait
un asyle, était protégé des Dieux, & une
superstition heureuse étouffant en lui la
voix terrible de la politique, il prit Pyrhus dans ses bras, le porta à la Reine,
& lui enjoignit de l'élever comme un de
ses propres fils. Dans la suite, on vint lui
offrir deux cents talens, s'il voulait renvoyer le jeune Prince en Epire ; mais il
eut le courage de refuser ; & quand Py-

rhus eut atteint fa douzième année, il le ramena lui-même dans fes Etats, à la tête d'une armée, & lui rendit fa couronne.

A peine le nouveau Roi d'Epire avait-il régné cinq ans, que croyant fon trône à l'abri des révolutions, il eut l'imprudence d'aller faire un voyage en Illyrie, pour affifter aux nôces d'un des fils de fon bienfaiteur, avec qui il avait paffé fon enfance. Neoptolème, fon grand oncle, profita de cette abfence pour le détrôner. Pyrhus fe retira alors chez le fameux Démétrius Poliocerte, qui avait époufé fa fœur Dëïdamie : c'eft fous ce grand Capitaine qu'il apprit à vaincre une République, que le génie de fes Héros appellait déjà à la conquête du monde.

Lors de la célèbre bataille d'Ipfus, où tous les Rois de l'Orient combattirent, Pyrhus fit des prodiges de valeur, & fa défaite lui fit autant d'honneur qu'une victoire. Obligé, bientôt après, d'aller en Egypte, en qualité d'ôtage de Démétrius, il fe fit tellement confidérer à la cour du Ptolemée, que ce Prince lui donna Antigone, sa fille, en mariage. Ce triomphe qu'il remporta sur une foule de rivaux, fut suivi de son rétablissement sur le trône d'Epire. Il se présenta devant ses anciens sujets à la tête d'une armée Egyptienne, vainquit Néoptolème, & généreux dans son triomphe, accorda à son rival humilié, un appanage dans sa Monarchie. Le fruit de tant de grandeur d'ame, fut un complot où le Héros devait être empoisonné : heureusement la conspiration se découvrit, & le scélérat subit la peine qu'il méritait; cependant (car l'Historien ne doit point taire la vérité, quand elle flétrit la mémoire des grands Hommes) Pyrhus mit, à punir le crime de Néoptolème, presqu'autant de bassesse que celui-ci en avait mis à le commettre. Le jour d'un sacrifice solemnel qu'il faisait aux Dieux du pays, il invita le Prince à un banquet, & le poignarda de sa main. On ne peut affaiblir l'horreur qu'inspire cet assassinat (je ne dis pas le justifier) qu'en fuppofant que Pyrhus n'était pas affez puiffant pour envoyer, fans danger, Néoptolème au fupplice.

Pyrhus, d'un génie ardent & inquiet, & ne connaiffant de Héros qu'Achille & Alexandre, tranquille neuf ans fur le trône de l'Epire, ne pouvait attacher de prix à la gloire paifible de rendre fes Peuples heureux; voyant que Démétrius venait de fe faire proclamer Roi de Macédoine, il prit ombrage d'un voifin auffi puiffant, & la mort de Déïdamie ayant achevé de rompre les nœuds qui le liaient à ce Prince, il chercha à lui enlever fa couronne.

Démétrius de fon côté n'était pas fâché de fe mefurer avec un rival qu'il jugeait digne de fes coups; il n'avait point de prétexte pour commencer la guerre, mais la maladie naturelle des Rois actifs & turbulens, le defir de s'aggrandir, le fit paffer par-deffus les confidérations du droit des gens. Il laiffa une première armée en Etolie, pour contenir cette contrée qu'il venait récemment de fubjuguer; & à la

tête d'une feconde, il marcha contre Pyrhus. Ce Prince, au premier bruit de
l'invafion, s'était mis en campagne ; mais
le hafard voulut que les deux Monarques
s'égaraffent dans leur route. Démétrius
ne trouvant perfonne pour lui difputer
le paffage, ravagea l'Epire impunément,
& Pyrhus alla remporter une grande
victoire fur l'armée d'Etolie.

La victoire d'Etolie fit infiniment plus
d'honneur au guerrier qui l'avait gagnée,
que n'en avait fait à fon rival le pillage
facile de l'Epire. C'eft à cette occafion que
fes foldats lui donnèrent le nom d'*Aigle* ;
mais Pyrhus, d'autant plus modefte dans
fa gloire, qu'il l'avait plus méritée : *Si
je fuis un aigle, mes amis, c'eft à vous que
je le dois, votre zèle & votre courage font
les aîles qui, après m'avoir élevé fi haut,
m'ont foutenu dans mon effor.*

Pyrhus a toujours paffé dans l'antiquité
comme un des hommes les plus verfés
dans la Tactique, comme un des Héros
qui a le plus raifonné l'art terrible des

combats. Les fuccesseurs d'Alexandre le
pressentaient déjà, lorsque celui-ci, jeune
encore, songeait plutôt à déployer la valeur d'un soldat que l'expérience d'un grand
Capitaine. *Le guerrier qui ira le plus loin*,
disait Antigone, *est Pyrhus, pourvu qu'il
vieillisse*.

Pyrhus était si pénétré de l'importance de
l'art de la guerre, quand on voulait marcher à pas de géant vers la célébrité, qu'il en
faisait l'objet unique de toutes ses pensées:
l'idée des Héros qui avaient bouleversé le
monde, ou qui défendaient encore de
leur valeur la patrie expirante, l'obsédait
sans cesse, elle le suivait à la chasse, dans
les Temples, au milieu des festins. On
lui annonça un jour, lorsqu'il venait de
se mettre à table, que Polysperchon, à
force d'audace, de crimes heureux & de
victoires, envahissait la moitié de la Grèce.
Cette nouvelle, qui glissa sur le reste des
convives, l'occupa singulièrement; la
conversation générale étant tombée sur
les arts, tout le monde se mit à vanter

le prodigieux talent de Python & de Cé-
phifias, qui tranfportaient les Athéniens,
quand ils jouaient de la lyre fur leur
théatre. Enfuite on demanda à Pyrhus lequel de ces deux Artiftes était le meilleur
Muficien : *Je penfe*, répondit le Héros,
que Polyfperchon eft le meilleur Capitaine.
Ce mot eft le germe d'un autre bien plus
fait encore pour être fenti, non par les
Conquérans, mais par les Philofophes.
On demandait, de nos jours, à un Sage,
quel était le plus grand de Céfar ou
d'Alexandre : *Le plus grand homme, c'eft*
Newton.

Démétrius & Pyrhus qui s'eftimaient
trop pour fe combattre jufqu'à s'entredé-
truire, firent la paix ; mais elle ne fut pas
de longue durée. Lanaffa, fille du fameux
Agathocle, que le Roi d'Epire avait époufé,
& qui lui avait apporté en dot l'ifle de
Corcyre, étant bleffée de ce que fon mari
partageait fon cœur entre elle & des rivales, fe jetta dans les bras de Démétrius,
qui l'époufa lui-même, & mit garnifon

dans l'ifle, qui lui fervait d'appanage. Pyrhus, outré d'un procédé fi outrageant, & excité en fecret par quelques Rois d'Afie, qu'alarmait l'ambition effrenée de Démétrius, prit les armes, & vint exercer des hoftilités dans la Macédoine.

Démétrius qui voulait être l'Alexandre de fon fiècle par fon courage, en était fouvent le Cambyfe par fa férocité : auffi fes fujets le regardaient avec horreur ; & quand les deux armées fe trouvèrent en préfence, les Macédoniens cabalèrent entr'eux, pour fe donner au Prince le plus populaire. Le complot ne pouvait point être éventé, parce que Démétrius n'avait point d'amis : auffi au moment où les troupes, de part & d'autre, fe rangeaient en bataille, Pyrhus ayant paru fur la pre- mière ligne, l'ennemi le reconnut au pa- nache éclatant qui ombrageait fon cafque, & plufieurs cohortes fe détachèrent pour fe ranger fous fes drapeaux. L'exemple commençait à devenir contagieux, quand Démétrius, qui vit les mouvemens de fon armée, s'abandonnant à sa terreur, prit la fuite, enveloppé d'un manteau d'esclave, & abandonna sa Monarchie à son rival. Pyrhus, un moment après, arrive dans le camp, s'en rend le maître sans tirer l'épée, & se fait proclamer Roi de Macédoine.

Cette nouvelle couronne ne resta pas long-temps sur la tête du Roi d'Epire; il parut n'avoir détrôné Démétrius que pour servir l'ambition de Lysimaque. Ce dernier Prince, sous prétexte d'avoir aidé à la révolution, démembra la Macédoine, ensuite il l'envahit toute entière. Les Peuples corrompus par le nouveau Conquérant, avaient rougi de se donner à un étranger, tandis qu'il existait encore des amis d'Alexandre; de sorte qu'ils couronnèrent Lysimaque avec la même légèreté qu'ils avaient couronné Pyrhus. Le Héros n'osant commettre sa personne à la fidélité d'une armée qui avait trahi Démétrius, céda à sa destinée, & se retira dans ses États héréditaires.

Il ne tenait qu'à Pyrhus de vivre en paix dans l'Epire, adouciſſant les mœurs de ſes peuples, encore un peu ſauvages, vivifiant par ſa préſence les campagnes, & encourageant la population, ce qui était faire des conquêtes glorieuſes ſur ſoi-même ; mais la maladie des Cyrus & des Alexandre l'avait gagné ; perſuadé que de ne faire de mal à perſonne & de n'en point recevoir, était la manière de vivre la plus inſipide, il s'indignait de ce qu'il appellait une honteuſe inaction ; & comme l'Achille de l'Iliade, *condamné à reſter oiſif dans ſa tente, il dévorait ſon cœur.* C'eſt dans ces circonſtances que la conquête de l'Italie vint ſourire à ſa valeur. Il reçut, avec tranſport, l'ambaſſade de Tarente, & réſolut de faire de Rome le centre de ſa nouvelle Monarchie.

Plutarque dit que les Tarentins offrirent au Roi d'Epire de faire entrer dans leur ligue les Meſſapiens, les Lucaniens & les Samnites, & de former de toutes ces troupes réunies une armée de trois cents cinquante mille hommes de pied, & de vingt mille chevaux : il eſt évident que l'Italie entière, même en y comprenant les contrées de la domination Romaine, n'a jamais pu, dans aucun temps, mettre ſur pied une armée auſſi formidable, ſans dépeupler ſes villes. Les Tarentins étaient, ou de grands impoſteurs, de tromper ainſi la crédulité de Pyrhus, en exagérant ſi ſingulièrement leurs reſſources, ou des êtres bien vils, de ne pouvoir défendre leur Ville avec près de quatre cents mille hommes.

Au reſte, il était aiſé d'en impoſer à la crédulité de Pyrhus, ſi on peut compter ſur une anecdote du Poëte Enniuà, que Cicéron nous a conſervée. Ce Prince qui avait la faibleſſe de faire dépendre ſes conquêtes du mot d'une Pithye plutôt que de la pointe de ſon épée, envoya conſulter l'Oracle de Delphes ſur le ſuccès de la nouvelle guerre qu'il méditait. La réponſe fut un vers latin, qui ſignifiait également que le Roi d'Èpire pouvait vaincre les Romains, & que les Romains pouvaient vaincre le Roi d'Epire (a). Pyrhus ne se défia pas de l'ambiguité du vers, & prenant l'Oracle dans le sens le plus favorable, il marcha à ce qu'il appellait la conquête de Rome.

(a) *Aio te, Æacida, Romanos vincere posse.* Grace à la clarté de notre langue, il n'y a aucune construction qui puisse rendre cette équivoque.

DESCENTE DE PYRHUS EN ITALIE. SON ENTRETIEN AVEC CYNÉAS.

CEPENDANT Rome ne s'endormait pas sur la vengeance qu'elle avait à tirer de l'infulte faite à fes Ambaffadeurs. Un de fes Confuls vint à la tête des légions ravager les environs de Tarente, & y mit tout à feu & à fang : on appercevait des remparts l'incendie des maifons des Cultivateurs, & on fe voyait fans vivres, fans troupes auxiliaires, & fur-tout fans courage, fur le point de fubir toutes les horreurs d'un fiège. Dans cette extrêmité, les hommes fages commencèrent à parler d'accommodement ; mais toutes les idées de paix s'évanouirent bientôt à l'arrivée de Cynéas.

Cynéas était un Theffalien, homme de grand fens, l'élève & l'ami de Demofthène, qui, attaché depuis long-temps à Pyrhus, le fervait avec fuccès dans toutes ſes ambaſſades. Ce Prince avait pour lui la plus haute conſidération, & il ne diſſimulait pas que cet étranger, ſeul, avait gagné plus de Villes par ſon éloquence, qu'il n'en avait pu conquérir lui-même avec ſon épée : c'eſt lui que le Roi d'Epire envoya, avec trois mille ſoldats, pour défendre cette Tarente, qui naguère ſe glorifiait d'armer, en ſa faveur, trois cents cinquante mille hommes de pied & vingt mille chevaux.

Avant de partir pour l'Epire, Cynéas eut, avec ſon Souverain d'adoption, un entretien célèbre dans l'antiquité, qui n'a pu nous être tranſmis que par le bon Plutarque, l'Hiſtorien des Philoſophes.

Cynéas.

Pyrhus médite une invaſion en Italie; maïs Rome, dont il ſe fait un ennemi, commande à une foule de nations belliqueuſes; elle-même a dans ſes remparts de grands hommes de guerre : ſi le ciel nous protège dans notre expédition, quel

avantage réel tirerons-nous de notre victoire?

P y r h u s.

La réponse, Cynéas, est dans la demande
même. Rome une fois vaincue, ni Grec,
ni Barbare n'osera plus nous résister, &
l'Italie entière, une des plus riches & des
plus puissantes contrées de l'Europe, tom-
bera sous notre pouvoir.

C y n é a s.

Pyrhus, je t'entends : mais une fois
maîtres de l'Italie, que ferons-nous?

P y r h u s.

La Sicile nous tend les bras ; cette
isle, la clef de l'Afrique & de l'Europe,
n'est plus à elle-même, depuis la mort
d'Agathocle : tout y est dans la plus déplorable anarchie : point de Magistrats
dans les Villes qui se disent libres, c'est
la langue turbulente & vénale des Ora-
teurs qui les gouvernent. Nous paraîtrons
dans la Sicile, & elle sera à nous.

C y n é a s.

Ce tableau est tracé avec vérité ; mais

la conquête de la Sicile fera-t-elle le terme de notre expédition?

Pyrhus.

Non, fans doute, elle n'eft que le prélude des plus brillans exploits; qui m'empêchera, de la Sicile, de me rendre en Afrique? Les deux régions ne font féparées que par un détroit. Agathocle qui n'avait aucune de mes reffources, partit de Syracufe fur une faible efcadre, aborda dans cette Afrique, & fut fur le point de fe rendre maître de Carthage. L'Afrique, une fois devenue une des Provinces de ma nouvelle Monarchie, je recouvre la Macédoine, & j'acquiers l'Empire du Péloponèfe.

Cynéas.

Rien n'eft plus héroïque que ces projets; mais enfin tout cet univers fubjugué, à quoi nous occuperons-nous?

Pyrhus.

Nous vivrons dans un doux loifir, paffant les jours entiers en feftins, en fêtes, & ne penſant qu'à éterniſer notre jeuneſſe.

Cynéas.

Eh, Seigneur, qui nous empêche, dès aujourd'hui, de vivre dans une douce oiſiveté, d'enchaîner les plaiſirs aux plaiſirs ? Pourquoi aller chercher ſi loin un bonheur qui eſt dans nos mains, lui préférer une fumée de gloire qu'on n'achete que par le malheur des autres & par le ſien ?

Cette concluſion, à laquelle la Logique naturelle n'avait rien à oppoſer, affligea Pyrhus, ſans le corriger. Il envoya, comme nous l'avons vu, l'Orateur Philoſophe à Tarente, avec trois mille ſoldats, pour veiller ſur ſa deſtinée ; & quelque temps après, des vaiſſeaux de tranſport lui étant arrivés de l'Italie, il s'embarqua lui-même avec toute ſon armée ; elle conſiſtait en vingt éléphans, vingt mille fantaſſins peſamment armés, deux mille archers, cinq cents frondeurs, & trois

mille

mille chevaux. C'eſt avec ce petit nombre
de troupes que l'ami de Cynéas ſe flattait
de ſubjuguer l'Italie, la Grèce, Carthage
& un tiers de l'univers. Il eſt vrai qu'A-
lexandre, ſon modèle, n'en avait guère
davantage, quand il vint ſaccager Tyr,
donner des loix à l'Inde, & renverſer
l'Empire de Cyrus.

A peine la flotte de Pyrhus avait-elle
gagné la haute mer, qu'il s'éleva un vent
impétueux qui la diſperſa : une partie des
navires fut pouſſée contre les côtes de la
Lybie, d'autres échouèrent contre les
rochers qui bordent la Sicile. La galère
amirale où était le Roi d'Epire réſiſta plus
long-temps à la violence des vagues, à
cauſe de la force de ſa ſtructure ; cependant, battue ſans ceſſe par la proue, elle
était ſur le point de s'entrouvrir, lorſque
Pyrhus qui, à la lueur des éclairs, apperçut la côte d'Italie, ſe jetta à la mer
pour ſe ſauver à la nâge : ſes gardes & ſes
amis ſuivirent ſon exemple. Le Prince,
avec leur ſecours, lutta le reſte de la nuit

contre la fureur des flots, & au point du jour, la tempête étant appaisée, il fut jetté sur le rivage, le corps entièrement abattu & brisé, mais conservant toujours ce courage invincible, qui après lui avoir fermé les yeux sur le danger, l'empêchait d'y succomber.

La partie de l'Italie sur laquelle le flot avait jetté Pyrhus, était habitée par les Messapiens. Ce peuple s'empressa à recueillir les débris de son naufrage ; on alla au-devant de tous les vaisseaux à demi fracassés qu'on appercevait de la côte, & peu-à-peu on rassembla un petit corps de cavalerie, deux mille hommes de pied & deux éléphans, avec lesquels le Héros prit la route de Tarente.

Rien n'égala la surprise de ce Prince, quand il vit l'insouciance des Tarentins à l'approche d'un siège. Tranquilles sur la valeur de la garnison étrangère qui défendait leurs remparts, ils restaient dans leurs maisons, se baignant, se parfumant, passant les jours & les nuits dans

l'ivreſſe des feſtins : c'étaient des Syba-
rites qui ſe préparaient aux luttes de
l'amour, plutôt que des guerriers qui
allaient ſe faire tuer ſur la brêche. Pyrhus
qui n'était pas en état de ſe faire obéir,
ferma d'abord les yeux ſur un pareil délire;
mais quand les ſoldats diſperſés ſur le reſte
de la flotte l'eurent joint, & qu'il ſe
vit à la tête d'une armée, il commença à
parler & à agir en maître : il ferma le
théatre & tous les jardins publics, où
les Tarentins promenaient leur brillante
nullité. Les Citoyens eurent ordre de
prendre les armes, & de ſe ſoumettre à
toute la rigueur de la diſcipline militaire.
Ce changement de vie parut ſi odieux à
quelques-uns des plus efféminés, qu'ils
ſe bannirent de Tarente, appellant la
néceſſité de défendre la patrie, le plus
inſupportable des eſclavages.

VICTOIRE DE PYRHUS SUR LES ROMAINS.

PENDANT que Pyrhus créait des hommes dans Tarente, le Consul Levinus, à la tête des légions Romaines, s'avançait dans la Lucanie, & y exerçait les plus grands ravages. Le Roi d'Epire, plus modéré qu'on ne devait l'attendre d'un Héros qui ne respirait que dans l'élément de la guerre, envoya proposer aux Romains, avant de commencer les hostilités, de terminer à l'amiable tous les différens qu'ils avaient avec les Tarentins, offrant, à cet effet, sa médiation aux deux puissances. Le Consul répondit, avec hauteur, *qu'il ne voulait point de Pyrhus pour arbitre, & qu'il ne le craignait point pour ennemi.* Alors de part & d'autre on se disposa à une bataille.

Les Tarentins, en exagérant leurs forces à Pyrhus, lui avaient, par le même principe, exagéré la faibleſſe de l’ennemi qu’il aurait à combattre. Quand ce Prince vit l’ordonnance régulière des légions, l’aſſiette de leur camp, le bel ordre qui régnait dans les gardes avancées : *Je ne vois rien là,* dit-il, *qui ſente le barbare, voyons ſi le reſte y répondra.* Dans ce moment, les Romains paſſent à gué la petite rivière de Siris, qui ſéparait les deux armées, & le combat s’engage, non loin des murs d’Héraclée.

Pyrhus, dans cette journée mémorable, joua à la fois le rôle de ſoldat & celui de grand Capitaine. Au fort de la mêlée, un des Officiers de ce Prince apperçut un cavalier Italien qui, la lance en arrêt, s’attachait au ſeul Pyrhus, changeant de poſte quand il en changeait, & réglant tous ſes mouvemens ſur les ſiens ; il le montra au Roi, lui dit qu’il roulait quelque deſſein funeſte dans ſa tête, & lui conſeilla de s’en défier : *Mon ami, répond le Héros, perſonne ne peut vaincre ſa deſtinée ; mais laiſſe venir cet Italien &*

d'autres encore : je te réponds qu'il leur en coûtera cher de m'avoir approché.

Il parlait encore, quand le cavalier fondit fur lui, & lui porta un coup de lance terrible, mais qui portant à faux, à caufe du mouvement des deux combattans, allá percer de part en part le cheval qu'il montait. Dans le même moment, celui de l'affaillant reçut une large bleffure : les deux athlètes s'étant relevés à la fois, allaient fe mefurer de nouveau, quand les amis de Pyrhus l'arrachèrent à une lutte fi peu digne de lui, & tuèrent le téméraire qui était venu le défier.

Cette aventure apprit à Pyrhus à confier moins légèrement au hafard des combats, une tête de qui dépendait la deftinée de trente mille hommes. Il changea d'habits & d'armure avec Mégaclès, un de fes favoris, & fe porta dans tous les poftes qui avaient befoin de fa préfence, pour décider la victoire en fa faveur. La défenfe fut auffi vigoureufe que l'attaque. On a écrit que les deux armées

plièrent tour-à-tour jufqu'à fept fois, &
revinrent fept fois à la charge. C'eft un
trait unique dans l'Hiftoire de l'antiquité.

Cependant le déguifement de Pyrhus,
en lui fauvant la vie, fut fur le point de
lui arracher la victoire. Des Romains fuivirent Mégaclès avec acharnement, le
renversèrent par terre dangereufement
bleffé, & lui arrachant fon manteau
royal & fon armure, les portèrent dans
tous les rangs, criant par-tout qu'ils
avaient tué Pyrhus. La vue de ces dépouilles fanglantes remplit l'armée Romaine d'une joie inexprimable : elle fentait
que toute la puiffance de l'Epire réfi-
dait dans la perfonne de fon Roi. Pour
l'armée Grecque, elle tomba dans une
confternation bien voifine du découragement. Le Héros qui s'apperçut de l'effet
terrible de la méprife, fe hâta d'ôter fon
cafque, & de parcourir les lignes, la tête
nue, tendant la main à fes foldats, &
réchauffant leur valeur avec fa fougueufe
éloquence. Ce trait de préfence d'efprit

rétablit le combat, & l'armée crut que les chants de victoire des Romains étaient un stratagême pour l'obtenir.

Pyrhus qui n'avait pu triompher ni par sa bravoure, ni par son génie, triompha par ses éléphans. C'était pour la première fois que les légions voyaient ces animaux terribles ; leur taille énorme, leur attitude martiale, les tours hérissées de soldats qu'ils portaient sur leur dos, tout était fait pour glacer de terreur l'homme le plus intrépide ; les chevaux même ne pouvaient en soutenir l'approche, l'odeur forte que ces quadrupèdes exhalaient au loin, les faisaient hennir ; ils regimbaient sous l'éperon, & jettaient par terre les cavaliers qui les montaient. Pyrhus voyant le désordre dans les rangs ennemis, vint à la tête de sa cavalerie Thessalienne, augmenter la brèche que ses éléphans avaient faite à ce rempart vivant, & obligea les Romains, après un grand carnage, à abandonner le champ de bataille.

On peut juger de l'acharnement avec

lequel les deux partis se disputèrent la victoire, par le sang qui fut répandu dans cette journée désastreuse. S'il en faut croire Denys d'Halicarnasse, il y eut quinze mille hommes tués du côté des Romains, & treize mille de celui des Epirotes. Aussi quand Pyrhus, de retour à Tarente, s'entendit féliciter sur sa victoire : *Si j'en remporte*, dit-il, *une pareille, je suis perdu sans ressource.*

Il faut rendre justice aux Romains ; il est certain qu'ils ne firent jamais éclater plus de patriotisme que dans cette journée sanglante, qui leur coûta toute la fleur de leur Noblesse. Les moindres soldats y combattirent comme les Héros des Thermopyles : aussi le lendemain de l'action, quand Pyrhus parcourant le champ de bataille, vit que les hommes qu'on lui avait dépeints comme des barbares, avaient tous le visage tourné vers l'ennemi, & n'étaient morts que de blessures glorieuses : *qu'on me donne*, s'écria-t-il, *de pareils soldats*, *& je fais la conquête du monde.*

La République, dans ce défaſtre, montra auſſi beaucoup de magnanimité; il était évident, comme le diſait le célèbre Fabricius, que les Romains n'avaient pas été vaincus par les Grecs, mais ſeulement Levinus, par le Roi d'Epire. Cependant le Conſul ne fut point rappellé, on ne croyait point l'Etat en danger, parce que des hommes avaient cédé à des éléphans, & on envoya à Levinus deux nouvelles légions.

Pyrhus profita, en guerrier conſommé, de ſa victoire: il fit ſonner la retraite au moment où il preſſentit que le déſeſpoir poûvait tenir lieu de courage aux Romains fugitifs; enſuite il s'empara de leur camp, qu'ils avaient abandonné, ravagea le territoire des peuples qui combattaient pour la République, & détacha un grand nombre de Villes de ſon alliance.

La conquête de Rome était le grand objet de l'ambition du Héros; il brûlait de faire, de cette Ville ſuperbe, le centre de ſa nouvelle Monarchie. Dans ce deſſein , il s'approcha juſqu'à Preneſte , qui n'était éloignée de Rome que d'environ ſept lieues. Mais la République , que Porſena , Coriolan & Brennus avaient agguérie, ne s'alarma pas d'un ſiège ; elle prit ſes meſures avec autant de ſang froid que ſi l'ennemi avait été renfermé dans les murs de Tarente. Le Collègue de Levinus, qui venait de pacifier l'Etrurie, eut ordre de venir au ſecours de la patrie, & Pyrhus qui ſe vit entre deux armées Conſulaires, rebrouſſant chemin avec la plus grande rapidité , rétablit le théatre de la guerre dans la Campanie.

AMBASSADE DE FABRICIUS. ANECDOTES SUR CE GRAND HOMME.

Pyrhus avait fait un grand nombre de prisonniers à la journée d'Héraclée, & Rome, dont le syftême politique était, que tout soldat qui marchait fous fes drapeaux, devait vaincre ou mourir, ne rachetait jamais un de fes Citoyens, qui pouvant vendre cher au vainqueur le dernier foupir qu'il allait exhaler, s'abaiffait jufqu'à lui demander la vie : mais ici, la bravoure des Romains qui ne s'était point rallentie, l'impoffibilité de tenir contre des éléphans qui, en renverfant leurs chevaux, les mettaient eux-mêmes hors de défenfe, tout follicitait l'indulgence de la République : auffi elle envoya une ambaffade folemnelle à Pyrhus, pour traiter de l'échange des prifonniers, ou de leur rançon.

A la tête de cette ambaffade, fe trouvait Fabricius, le plus grand homme de guerre de son pays, & le plus homme de bien. Il était extrêmement pauvre ; mais comme ses Concitoyens n'étaient pas encore dépravés, cette pauvreté même lui avait ouvert la carrière des honneurs & des Magiftratures. Pyrhus inftruit de la célébrité du perfonnage qu'on lui députait, crut que Rome faifait des démarches pour la paix, & il ne s'en éloignait pas lui-même, aimant mieux dans ses chimériques projets de conquêtes du monde, avoir fon peuple pour allié que pour ennemi. Quand il fut Fabricius & les deux Confulaires qui l'accompagnaient proche de Tarente, il alla au-devant d'eux avec un corps brillant de cavalerie, & les conduifit dans fon palais, où ils furent traités, moins comme les Repréfentans d'une République, que comme des Souverains. Fabricius reçut les honneurs qu'on lui rendait, fans cet orgueil qui irrite, & fans cette modeftie adroite qui appelle l'encens qu'elle femble dédaigner ; il s'y prêta fans les rechercher, & quand il vit que fa conduite franche & noble lui donnait de l'afcendant fur l'efprit du Roi, il en profita pour négocier avec lui l'affaire de l'échange, ou du rachat des prifonniers, qui avait été le motif de fon ambaffade.

Pyrhus qui n'étant point né fur les trônes abfolus de l'Afie, ne croyait pas que toute la fageffe humaine fût concentrée dans la tête d'un Defpote, était dans l'ufage de ne point décider les grandes affaires d'adminiftration, fans en avoir délibéré avec les Membres d'un Confeil d'Etat; il affembla tous fes Miniftres & fes Généraux, & leur fit part des propofitions de Fabricius. Le premier opinant fut d'avis de ne point rendre les prifonniers; il confeilla au Roi de tirer, d'une victoire qui lui avait coûté fi cher, tous le parti que le droit de la guerre pouvait lui promettre, & de ne remettre l'épée dans le fourreau, que le jour où il entrerait en triomphe au Capitole.

Cynéas parla enfuite. Ce Philofophe connaiffait Rome; il favait que Pyrhus

n'était point un Xerxès, & que pour lui plaire, il fallait l'éclairer & non le flatter. Il dit au Roi que c'était mal connaître la République, dont Fabricius était le Repréfentant, que de la croire découragée par la défaite d'Héraclée; il lui prouva par les faits, que jamais elle n'avait-montré plus de courage & d'orgueil que dans fes défaftres, & fon avis fut, qu'il fallait acheter l'amitié d'une puiffance auffi dangereufe, en lui renvoyant fes prifonniers fans rançon. Les hommes d'Etat qui étaient en grand nombre dans le Confeil, applaudirent à l'idée de Cynéas. Alors on introduifit les Ambaffadeurs: « Romains,
» leur dit Pyrhus, vous me demandés
» l'échange de vos prifonniers, ou la li-
» berté de traiter de leur rançon; ce
» ferait vous mettre en mains des armes
» contre moi-même : j'ai déjà éprouvé la
» bravoure de ces guerriers, & je ne veux
» point les avoir pour ennemis; il eft une
» voie bien plus noble pour remplir vos
» vues & les miennes : c'eft de conclure

» une paix folide entre Rome & l'Epire ;
» à ce prix , tous vos prifonniers vous
» feront renvoyés fans rançon.

Après l'audience , Pyrhus entretint ,
en particulier, le chef de l'ambaffade. « Tu
» as de la grandeur d'ame, Fabricius, & ton
» amitié m'eft chère ; ta renommée m'ap-
» prend que n'ayant rien à defirer du côté
» du génie, tu te trouves très-mal partagé
» du côté de la fortune : je puis, à cet
» égard ; fuppléer à l'oubli de ta Répu-
» blique , & mettre tes jouiffances au
» niveau de tes defirs : non que j'imagine
» te faire une grace, c'eft moi qui la rece-
» vrai, fi tu daignes accepter mes bienfaits.
» Un Roi ne s'honore jamais davantage
» que quand il relève un grand homme,
» réduit par fon indigence, à un état
» indigne de fa vertu. Je fuis encore plus
» éloigné d'exiger de toi une reconnaiffance
» qui te faffe rougir. Tout ce que je me
» borne à defirer de toi, c'eft d'employer
» ton crédit à obtenir de ton Sénat un
» traité qui nous honore tous deux ; re-

» préfente

» préfente - lui que Tarente eft mon
» alliée, & que l'honneur me défend de
» l'abandonner à la vengeance des Ro-
» mains, fur-tout me trouvant à la tête
» d'une armée puiffante qui vient de me
» faire gagner une bataille. »

Le Romain répondit comme un fage
du Portique : (fi cependant on peut ajouter
foi au récit du Rhéteur Denys d'Halicar-
naffe) « On t'a donné, Pyrhus, une fauffe
» idée des fuites qu'entraîne mon indi-
» gence ; je n'ai à moi, il eft vrai, que
» la maifon peu décorée où je loge, &
» le champ peu étendu que je cultive
» pour ma nourriture ; mais ce peu de
» fortune ne nuit point à la confidération
» dont je jouis ; la route des honneurs
» m'eft ouverte comme aux plus riches de
» mes Concitoyens ; on me décore du
» Confulat ; on me met à la tête des plus
» illuftres ambaffades. Ces places entraî-
» nent des frais de repréfentation, fans
» doute, mais ils ne m'ont point été
» onéreux. Rome ne ruine point fes Ci-

» toyens, en leur déférant ses Magiſtra-
» tures ; elle prévient tous leurs beſoins
» avec la plus grande magnificence. Car
» il n'en eſt pas de notre Ville comme
» de celles de l'Aſie , où le public eſt
» pauvre , tandis que des particuliers y
» accumulent d'immenſes tréſors. Chez
» nous , tout le monde eſt riche , dès que
» la République l'eſt , parce qu'elle l'eſt
» pour nous ; la patrie , en admettant
» également l'homme opulent & celui qui
» ne l'eſt pas , à la gouverner, nous égale
» tous ; elle remplit l'intervalle que les
» préjugés mettent entre les hommes , &
» ne reconnaît de différence entr'eux que
» celle qui naît de la vertu.

» Moi-même, je ſuis loin de rougir
» de cet état d'indigence qui paraît ſi
» pénible au vulgaire ; mon travail me
» fournit tout ce que demande la nature.
» Je n'ai point le ſuperflu ; mais auſſi je
» ne le deſire pas : ma richeſſe eſt de
» vivre preſque ſans beſoins : il n'aurait
» tenu qu'à moi, ſans doute, ſi l'ambi-

» tion avait dépravé mon cœur, d'étendre
» le cercle de mes jouiffances. Revêtu du
» Confulat, je me fuis vu à la tête d'une
» armée nombreufe; j'ai ravagé, à diffé-
» rentes reprifes, la Lucanie & le Sam-
» nium; j'ai emporté d'affaut plufieurs
» Villes opulentes; mon armée entière
» a été enrichie de leurs dépouilles; le
» lendemain de mon triomphe, j'ai verfé
» encore quatre cents talens dans le tréfor
» de l'Etat, & moi feul je fuis rentré dans
» ma maifon auffi pauvre que j'en étais
» forti. Après avoir donné un pareil exem-
» ple à mes Concitoyens, me convien-
» drait-il aujourd'hui de flétrir, par la
» faibleffe d'un moment, cinquante ans
» d'intégrité! O Pyrhus, garde ton or,
» & laiffe-moi mon indigence & ma re-
» nommée. »

Pyrhus n'infifta pas; mais le lendemain
il voulut voir fi dans une ame généreufe
l'intrépidité marchait de pair avec le dé-
fintéreffement. Fabricius n'avait jamais vu
d'éléphant: le Roi ordonna d'armer celui

dont la taille la plus élevée devait inspirer le plus d'effroi, & de le cacher derrière une tapisserie, dans sa salle d'audience. Au milieu d'un entretien animé, que ce Prince avait avec l'Ambassadeur, tout-à-coup, à un signal donné, on retire la tapisserie, & le quadrupède monstrueux paraît, levant sa trompe sur la tête de Fabricius, en jettant un cri épouvantable. Le Romain se retourne avec sérénité, sans témoigner ni surprise, ni terreur : *Pyrhus*, dit-il en souriant, *ton or ne m'émut pas hier, & ton éléphant ne m'étonne pas aujourd'hui.*

Le soir il y eut un festin somptueux, où Fabricius mangea sobrement de tous les mets recherchés que le Roi lui présentait. La conversation roula sur la Philosophie Grecque, & Cynéas, un des convives qui connaissait parfaitement toutes les sectes qui partageaient le Péloponèse, s'étendit, avec complaisance, sur la doctrine d'Epicure ; il analysa la nouvelle morale qu'imagina ce Philosophe, ou plutôt celle que le vulgaire lui prête : ſes principes expoſés par l'ami de Pyrhus, étaient; que le bien ſuprême conſiſte dans la volupté ; que le ſage, tranquille dans ſa douce inſouciance, ne doit point accepter les dignités pénibles que ſa patrie ſui défère ; que Dieu, à cet égard, eſt le modèle des Êtres intelligens, n'éprouvant ni haine, ni amour, ne s'occupant dans les intermondes, où la néceſſité le relègue, qu'à jouir d'un bonheur qui l'iſole, & laiſſant aux cauſes ſecondes le ſoin de régir l'univers. Pendant que Cynéas parlait ainſi, Fabricius, dont une doctrine ſi étrange confondait toutes les idées, ne put s'empêcher de s'écrier : *O Hercule, puiſſe Pyrhus, les Samnites & tous les ennemis du nom Romain, tant qu'ils ſeront en guerre avec nous, croire au Dieu & au bonheur d'Epicure.*

Le Roi d'Epire ne pouvait ſe laſſer d'entendre ce grand homme, & ſon admiration croiſſait en raiſon des épreuves où il mettait ſa raiſon ou ſon courage.

Un jour, ne pouvant réfifter à fon enthoufiafme, il le prit à part, & le conjura, quand il aurait concilié les intérêts des deux puiffances dont il le faifait le médiateur, de s'attacher à fa perfonne, & de vivre dans fa cour, où il aurait le premier rang, foit parmi fes amis, foit parmi fes Capitaines. *Tu entends mal tes intérêts*, lui dit Fabricius, *ces mêmes hommes qui t'honorent aujourd'hui, s'ils venaient à me connaître, m'aimeraient mieux pour leur Roi que toi-même.* Pyrhus ne s'offenfa pas d'un mot qui, à la cour d'un Cambyfe, aurait coûté la tête à celui qui l'aurait prononcé; il applaudit lui-même à une franchife auffi fière, & ne fit que fe confirmer dans l'idée qu'il ne fallait pas avoir pour ennemi un peuple qui avait de tels hommes pour Généraux, ou pour Ambaffadeurs.

Pyrhus, en général, aimait qu'on lui dît la vérité, & il était affez grand pour en eftimer davantage ceux mêmes qui lui en difaient d'offenfantes. On peut juger

de la liberté qu'il permettait à fes amis,
par fon indulgence envers de jeunes Tarentins, qui, dans une orgie, l'avaient déchiré par les propos les plus indécens :
trahis par un de leurs convives & amenés
devant Pyrhus, ce Prince leur demanda
s'il était vrai qu'ils euffent dit tant de
mal de l'homme qu'ils avaient appellé dans
leurs murs pour les défendre. *Oui , Pyrhus*, lui répondit le plus déterminé,
*& nous aurions bien fait pis , fi le vin ne
nous eût manqué ; nous t'aurions tué* (a).
Le Roi d'Epire ne s'était pas cru bleffé
par des propos de jeunes gens tenus dans
l'ivreffe ; il fourit de l'apologie, & renvoya les accufés.

(a) Cette anecdote fe trouve à la fois dans
Plutarque & dans Quintilien ; le premier fe con-
tente de faire dire aux Tarentins : *Nous aurions
dit bien plus de mal de toi , fi le vin ne nous
eût manqué ;* mais il n'ajoute point : *nous t'aurions tué.* Cette verfion eft plus vraifemblable
que la première ; mais auffi l'autorité de Plutarque ne vaut pas celle de Quintilien.

Pyrhus ne se démentit point envers Fabricius : quand cet illustre Romain voulut partir, le Prince lui laissa emmener deux cents prisonniers, à condition que si le Sénat ne voulait pas accepter la paix, ils lui seraient renvoyés : non content de ce trait de confiance, il permit aux autres Romains qu'il avait dans son camp d'aller dans leur patrie, sous les auspices de ce grand homme, pour y célébrer, avec leur famille, la fête des Saturnales.

La négociation pour la paix échoua, comme nous le verrons bientôt ; mais Fabricius trouva bientôt une occasion de servir à la fois Pyrhus & les vrais intérêts de la patrie, & sa grande ame ne la laissa pas échapper ; on venait de le nommer pour la seconde fois au Consulat, & il était à la tête des légions Romaines, quand un inconnu vint le trouver dans son camp, & lui remit une lettre du Médecin de Pyrhus, où on lui offrait d'empoisonner ce Prince, si Rome voulait mettre un prix à l'importance du service.

Le Héros connaiſſait le droit de la nature,
qui lie encore les hommes entr'eux, lors
même qu'une politique barbare les ſépare.
Indigné d'une pareille perfidie, de con-
cert avec Quintus Emilius ſon Collègue,
il écrivit à Pyrhus une lettre, que le bon
Plutarque, le peintre des mœurs, plutôt
que l'Hiſtorien des guerres, nous a conſervée.

« Il paraît que Pyrhus ſe connaît mal
» en amis & en ennemis ; il fait la guerre
» à des hommes de bien, & des ſcélérats
» ont toute ſa confiance. Au reſte, ce
» n'eſt pas ſeulement par intérêt pour toi
» que nous te prévenons du complot tramé
» pour t'ôter la vie ; la gloire de notre
» nation eſt ſur-tout ce qui nous déter-
» mine ; nous ne voulons pas que ta mort
» fourniſſe à des puiſſances rivales un
» prétexte pour calomnier la République,
» comme ſi elle avait eu recours à la tra-
» hiſon, déſeſpérant de terminer heureu-
» ſement la guerre à force de courage &
» de vertu ».

Pyrhus lut cette lettre avec tranſport ; car ſon cœur était fait pour ſentir la ma-gnanimité dans les autres, comme pour la déployer lui-même ; il s'écria qu'il re-connaſſait Fabricius, qu'il voyait plus que jamais qu'il était plus aiſé d'intervertir le cours du ſoleil, que de détourner ce Ro-main du ſentier de l'honnêteté ; enſuite il inſtruiſit le procès de ſon Médecin, & l'envoya au ſupplice.

La reconnaiſſance du Roi d'Epire ne ſe borna pas envers ſon bienfaiteur à un ſtérile enthouſiaſme pour ſa vertu ; il lui renvoya tous ſes priſonniers ſans rançon. Ce procédé embarraſſa Rome : d'un côté, elle avait beſoin de ſes guerriers, de l'autre, elle ne voulait ni accepter une grace de ſon ennemi, ni recevoir une récompenſe pour n'avoir pas connivé à la plus horrible des perfidies ; elle prit le parti de faire paſſer à Pyrhus un pareil nombre de priſonniers Tarentins ou Samnites ; mais tous ces procédés généreux de part & d'autre n'amenèrent point la paix :

chaque Etat voulait la donner en maître, & c'était en se donnant les preuves de la plus haute estime, que Rome & Pyrhus voulaient s'exterminer.

AMBASSADE DE CYNÉAS. ROME VAINCUE, VEUT DONNER LA LOI. VICTOIRE DE CURIUS ET SON TRIOMPHE. FIN DE L'EXPÉDITION DE PYRHUS.

Quelques jours après que Fabricius fut parti de Tarente, Pyrhus envoya Cynéas aux Romains pour lui procurer une paix glorieuse. Ce Cynéas jusqu'alors, tant qu'il n'avait négocié que dans des Villes Grecques, avec sa langue dorée, avait tout applani, tout concilié, tout ramené aux vues secrettes de son maître; mais le Sénat de Rome, composé d'hommes d'Etat, ne se menait pas avec des périodes oratoires; il était encore plus aisé de les vaincre dans les champs de bataille, que de les persuader.

A peine l'Ambassadeur de l'Epire fut-il arrivé à Rome, qu'il envoya, au nom de son maître, des présens magnifiques à

toûs les hommes en place & à leurs femmes;
mais il essuya par-tout des refus : tous ré-
pondirent qu'ils ne recevraient des bienfaits de Pyrhus, que quand il serait devenu,
par un traité solemnel, l'allié & l'ami de
la République.

On donna ensuite, dans le Sénat, audience à Cynéas. Ce Négociateur célèbre
avait préparé une harangue pleine d'adresse,
mais dont on oublia l'éloquence, pour
ne s'occuper que des résultats. Ces résultats, au reste, étaient assez avantageux
à Rome pour qu'elle dût pardonner à
l'Orateur de les avoir exposés avec quelqu'éloquence. Pyrhus ne demandait que
l'amitié du peuple avec qui il négociait,
& la sûreté de Tarente ; à ce prix, il
offrait de rendre aux Romains, sans rançon,
tous les prisonniers qu'il avait faits durant
le cours de la guerre, & de leur aider à
faire la conquête de l'Italie. La délibération dura quelques jours : quelques Sénateurs pusillanimes inclinaient même à
accepter les offres de Cynéas, lorsq'Ap-

pius Claudius, un des defcendans du Décemvir, vint prouver à fa compagnie que tout Etat qui fait la paix fans être vainqueur, renonce pour jamais à fa fupériorité.

Cet Appius était un Patricien illuftre qui avait paffé par toutes les charges de la République, & qui, courbé fous le poids de l'âge & privé de la vue, cherchait dans une chaumière, pareille à celle de Cincinnatus, le bonheur que fes Confulats & fes triomphes n'avaient pu lui procurer. La crife où fa patrie fe trouvait, à l'époque de l'ambaffade de Cynéas, le tira de fa retraite; il fe fit porter par fes efclaves au veftibule du Sénat : là, fes fils & fes gendres le prirent fous les bras, & l'introduifirent, en le foutenant, dans la falle où on délibérait fur les offres de Pyrhus. La compagnie, à la vue de ce perfonnage vénérable, garda le filence le plus profond, & Appius, fans fe donner le temps de s'affeoir, fit éclater ainfi l'indignation dont fon ame héroïque était pénétrée.

« J'avais regardé jufqu'ici, comme
» un des malheurs les plus fenfibles de
» ma vieilleffe, d'être privé de la vue;
» mais il en eft un plus terrible encore,
» qu'il me refte à fubir, c'eft de con-
» ferver l'ouie pour entendre des hommes,
» vendus à Cynéas, lui facrifier, par un
» traité ignominieux, près de cinq fiècles
» de gloire & de travaux. Que font donc
» devenus ces propos fuperbes, dont l'Italie
» entière a retenti : que fi Alexandre était
» venu dans ces contrées, au temps de
» la vigueur de l'âge de nos peres, ce
» conquérant de l'Afie n'aurait point ac-
» quis le renom d'invincible, & que par
» fa fuite ou par fa mort, il aurait ajouté
» un nouveau luftre à la gloire de ces
» remparts ? Quoi, des Chaoniens, des
» Moloffes, des Épirotes, toujours ef-
» claves de la Macédoine, font peur aux
» vainqueurs de Brennus ! Vous tremblés,
» au feul nom de Pyrhus, qui a paffé fa
» vie à faire fa cour à un Ptolomée,
» fimple Garde d'Alexandre ! Ne voyés-

» vous pas ce prétendu Héros parcourir
» en vagabond les environs de Tarente
» & du Samnium, moins pour fervir des
» Grecs, qui fe difent opprimés, que
» pour fe dérober aux ennemis qu'il a
» autour de fes Etats héréditaires ; & il
» a l'infolence de vous promettre la con-
» quête de l'Italie, avec les mêmes trou-
» pes qui n'ont pu lui conferver une partie
» de la Macédoine ! Au refte, ne vous
» flattés pas qu'un traité avec ce Prince
» faffe votre fûreté, c'eft une mauvaife
» politique de mettre bas les armes, après
» une guerre ignominieufe. Si Pyrhus fe
» retire fans avoir porté la peine de fon
» invafion, tous fes alliés fe réuniront
» pour fondre fur vous comme fur une
» proie facile & devant laquelle il fuffit de
» fe montrer pour s'en rendre fe maître ».

Le raifonnement d'Appius était excel-
lent dans un gouvernement militaire où
l'on ne fe conferve, comme l'élément du
feu, qu'à force de détruire ; il s'agirait
enfuite de favoir fi un gouvernement mi-

litaire

litaire n'eſt pas un Etat contre nature ;
mais cette Philoſophie bienfaiſante qui
conſiſte à faire dériver le bonheur de l'in-
dividu du repos de la patrie, & le repos
de la patrie de celui du genre humain,
n'étant point connue à Rome, au ſiècle
des Fabricius, l'autorité du vieux guerrier
entraîna toute la compagnie ; &, d'une
voix unanime, on répondit au Roi d'E-
pire, par l'organe de Cynéas, que ce
Prince, avant de traiter avec Rome, devait commencer par ſortir de l'Italie ;
qu'alors ſi la paix lui convenait, il pouvait la demander, mais que tant qu'il
reſterait armé ſur le territoire de la République, il y trouverait une guerre implacable, eût-il défait mille Levinus en
bataille rangée.

Cynéas, avec la réponſe du Sénat, reçut
l'ordre de ſortir de la Ville le jour même,
& il l'exécuta. Ce négociateur philoſophe
avait eu le temps d'étudier dans Rome, non
ſes monumens qui n'exiſtaient pas, mais
les hommes qui avaient alors tout leur

caractère : aussi quand Pyrhus lui demanda
ce qu'il penſait du peuple, que les Tarentins lui avaient dépeint comme une horde
de barbares, il répondit que la Ville lui
avait paru un Temple, & le Sénat une
aſſemblée de Rois.

Plus le Roi d'Epire apprenait à connoître
les Romains, plus il voyait le néant de ſa
chimère brillante de Monarchie univerſelle; cependant ſon imagination ardente
le ſuivait par-tout : comme il ne pouvait
abandonner tout-à-fait l'idée de faire de
Rome la Métropole de ſes Etats, il imagina un pont ſur la mer entre Otrente &
Apollonie, pour faciliter le trajet entre
l'Epire & l'Italie; l'intervalle eſt de cinquante milles; ainſi le projet ſemble
encore plus abſurde que celui de réunir,
par une chauſſée, les deux rivages de
l'Helleſpont. Au reſte, Pyrhus, plus ſage
que Xerxès, s'apperçut bientôt qu'un Roi
ne maîtriſait pas la nature, & il ne joignit
pas à la folie du plan, la témérité de
l'exécution.

La guerre continua entre les Grecs &
les Romains; Pyrhus qui n'avait plus de
Levinus à combattre, sentait à chaque
instant disparaître sa supériorité. Ayant
résolu d'attaquer les Consuls campés près
d'Asculum, il eut l'imprudence de s'engager entre les montagnes & une rivière
dont les bords n'étaient que de vastes
marécages; là sa cavalerie ne pouvant
manœuvrer, ni ses éléphans se mêler avec
les ennemis, il vit un grand nombre de
ses soldats passés au fil de l'épée, & la
nuit seule qui survint le sauva d'une défaite entière.

Les fautes des Grands-Hommes ne sont
jamais perdues pour leur expérience. Pyrhus, instruit par son désastre, employe
la nuit à le réparer : il envoye des troupes
d'élite s'emparer des postes difficiles qui
commandaient son armée, transporte sa
cavalerie & ses éléphans hors des marécages, & en cet état le combat recom-
mence à la pointe du jour; mais pour
cette fois les Grecs sont vainqueurs.

Leur phalange commença la déroute des légions & les éléphans l'achevèrent : on croit que cette journée coûta aux Romains fix mille hommes.

Cependant, Pyrhus qui n'acquerait point de nouveaux alliés, qui ne faifait aucune conquête, s'affaibliffait par fes victoires mêmes ; il ne cherchait plusqu'un prétexte honorable pour abandonner l'Italie à fa deftinée, lorfqu'un nouveau rayon d'efpoir vint ranimer fon courage. Deux députations également glorieufes arrivèrent à la fois dans fon camp : d'un côté on offrait de remettre dans fes mains Léontium Agrigente & Syracufe, s'il voulait délivrer la Sicile du joug de Carthage : de l'autre, on lui annonçait que la mort de Céraunos l'appellait au trône de Macédoine. L'idée de fe faire le libérateur de la Sicile flatta plus fa grande ame que celle de régner obfcurement fur des peuples dégradés depuis les conquêtes d'Alexandre, & après avoir mis une garnifon dans Tarente, il s'embarqua pour ôter à Carthage la plus belle de ſes Colonies.

Pyrhus avait quelques droits à la couronne de Syracuſe , parce qu'il avait épouſé Lanaſſa, fille d'Agathocle. Le vœu des peuples était le plus beau de ſes titres ; il parut en Sicile avec trente mille hommes de pied , deux mille cinq cents chevaux & une flotte de deux cents voiles, & chaſſa les Carthaginois devant lui , taillant en pièces leurs armées, & s'emparant de leurs plus fortes places. Les vaincus cherchèrent à l'écarter en lui faiſant un pont d'or ; mais le Héros inacceſſible à la corruption, répondit qu'il ne remettrait ſon épée dans le fourreau, que quand Carthage aurait évacué la Sicile , & mis la mer de Lybie pour barrière entr'elle & la Grèce.

A cette époque les mœurs de Pyrhus commencèrent à ſe dégrader ; il traita avec dureté des hommes qui voyaient encore avec plaiſir des républicains à la tête de leur généalogie ; il envoya au

ſupplice un prêteur de Syracuſe qui l'a-
vait appellé en Sicile ; alors les diſpoſi-
tions des eſprits changèrent, & il ſe trama
une conjuration pour enlever au Roi d'E-
pire toutes ſes nouvelles conquêtes, dût-on
retomber ſous le joug odieux de Carthage.

C'eſt à la naiſſance de cet orage que Pyrhus apprit les progrès des Romains contre
Tarente & le Samnium ; il manda alors à
ſes anciens alliés qu'il volait à leur défenſe.
Ce n'était cependant pas la généroſité qui
lui faiſait tenter une ſeconde invaſion en
Italie ; la vérité eſt que déſeſpérant de
reſter maître de la Sicile, comme d'un
vaiſſeau agité par la tourmente , il en
abandonna le gouvernail. A peine ſa flotte
parut-elle ſur le détroit, qu'il perdit toutes
ſes conquêtes : on dit qu'en s'embarquant,
ſes regards ſe tournèrent vers l'iſle célèbre, dont le trône lui échappait, & qu'il
s'écria : *Oh , le beau champ de bataille
que nous laiſſons-là à Rome & à Carthage !* & cet oracle politique fut vérifié
par l'évènement.

Quelque court que fût le trajet de la Sicile en Italie, il réuffit mal à Pyrhus. Ce prince fut attaqué & battu, d'abord par une flotte de Carthage, enfuite par une autre des Mamertius; une tempête affreufe difperfa une partie de fes vaiffeaux, & ce fut fous les aufpices les plus finiftres, qu'il arriva à Tarente avec vingt mille hommes de pied & trois mille chevaux.

Curius était alors, en qualité de Conful, à la tête des légions Romaines; Curius, un de ces héros pauvres en patrimoine, mais riches en vertus, qu'on rencontre à la gloire de l'efpèce humaine, dans l'âge d'or de toutes les républiques. Pyrhus le fachant auprès de Bénevent, prit avec lui l'élite de fes foldats & fes éléphans les mieux dreffés, & fe mit en marche vers la brune pour le furprendre; mais comme il avait une longue route à faire au travers des bois, les torches dont il fe fervait pour s'éclairer lui manquèrent; il s'apperçut bientôt qu'une par-

tie de ſes troupes s'égarait, & perdant
un temps infini à les rallier, il n'arriva
qu'au lever du ſoleil à la vue des ennemis qu'il voulait forcer dans leurs retranchemens. Ce contre-temps fit échouer l'en-
treprife.

Curius en Général habile, profita de
la conſternation des Grecs pour livrer
bataille : comme Pyrhus juſqu'alors avait
dû une partie de ſes triomphes à ſes éléphans, le Conſul imagina des machines
pour rendre moins terrible l'approche de
ces animaux ſuperbes ; l'une était une
longue flèche dont le fer creux était rempli & entouré de matières combuſtibles ;
on lançait cette eſpèce de brûlot tout
allumé contre le dos ou contre les tours
mobiles des éléphans ; ſi la machine attei-
gnait les tours, elle y mettait le feu ; ſi
elle s'accrochait à la peau du quadrupède,
elle le tourmentait au point que le con-
ducteur ceſſait d'en être le maître. Ce
ſtratagême eut tout l'effet que les Romains pouvaient en attendre. Les élé-

phans fe renversèrent fur les bataillons qu'ils étaient deftinés à protéger , & y causèrent un fi grand défordre, que Curius remporta par leur moyen , la plus éclatante des victoires.

Une tradition Romaine qu'il eft difficile de croire, quoique par le défaut de monumens il foit encore plus difficile de la combattre, veut que Pyrhus perdit dans cette journée fatale vingt-fix mille hommes & huit éléphans. Son camp fut forcé, & les vainqueurs qui en admirèrent la belle difpofition , s'emprefsèrent de l'adopter. L'infortuné Roi d'Epire , défabufé plus que jamais de fa brillante rêverie, alla cacher fes chagrins & fa honte dans les remparts de Tarente.

Le triomphe de Curius préfenta un fpectacle nouveau à la curiofité Romaine. Jufqu'alors les triomphateurs n'avaient étalé aux yeux de leurs concitoyens que des drapeaux, des armes brifées & des chars armés en guerre ; ici l'appareil était fingulièrement relevé par la magnificence des dépouilles : on portait en pompe la pourpre phénicienne , des vases d'or & d'argent ciselés , des statues & des tableaux regardés par les Grecs comme les chefs - d'œuvres du siècle d'Alexandre ; mais ce qui frappa le plus les Romains, ce ne fut pas ces monumens de génie que leur ignorance vertueuse était hors d'état d'apprécier , c'étaient quatre éléphans chargés de leurs tours qu'ils n'avaient encore vus que sur les champs de bataillé , & qu'ils caractèrisaient dans leur physique grossière sous le nom de bœufs de Lucanie. Ces quadrupèdes formidables, traînés par les chevaux qui les avaient vaincus, suivaient le char de triomphe la tête baissée, & semblaient ressentir la honte de leur captivité.

Le triomphe magnifique de Curius faisait un contraste singulier avec l'héroïque indigence de ce grand homme. C'est le même Romain qui , nommé Dictateur, donna un jour audience aux Ambassadeurs des Samnites , pendant qu'il tournait sur

le feu, d'une main tant de fois victo-
rieufe, les légumes deftinés à fon dîner;
il femblait que ce héros, ainfi que les
Cincinnatus & les Fabricius, avait autant
à cœur de faire la guerre à l'or, qu'à
l'ennemi de la patrie, & nous verrons
dans la fuite que l'or fit en effet plus de
mal à Rome, que tous ces peuples acharnés contre elle pendant cinq cents ans,
& qu'elle finit par fubjuguer.

Pyrhus, déchu par fa défaite de fes
dernières efpérances, repaffa en Epire avec
huit mille hommes de pied & cinq cents
chevaux, refte déplorable de l'armée avec
laquelle il fe propofait de conquérir le
monde : fa guerre d'Italie avait duré fix
ans, & peu de temps après, Tarente fut
obligée de paffer fous le joug des Romains.

La fervitude de Tarente entraîna celle
du Samnium, de la Lucanie, du Bru-
tium & des autres régions qui entou-
raient le territoire de Rome, & qui
après avoir combattu plufieurs fiècles pour
la liberté, alors dépeuplées & hors d'é-

tat de se défendre, subirent la loi du vainqueur. Ainsi, c'est à la retraite de Pyrhus, que les Romains dûrent la conquête de l'Italie.

Le héros de l'Epire, vaincu par la destinée de Rome, mais non désabusé de la gloire meurtière des combats, entra dans le Péloponèse pour y donner des loix. Maître d'une partie de la Macédoine qu'il enleva à Antigone, il se présenta dans la Laconie pour la ravager. C'est là qu'un Ambassadeur de Sparte qui lui demandait raison des hostilités qu'il se permettait sans déclaration de guerre, lui dit ce mot mémorable dont l'histoire ancienne fait honneur aux Sauvages du nouveau monde : « Si tu es un Dieu, tu » ne nous feras point de mal, car nous » ne t'en avons point fait : Si tu n'es » qu'un homme, Sparte pourra trouver » dans ses murs un guerrier plus terrible » que toi ».

Argos, dont une trahison l'avait rendu maître, fut le terme de ses exploits ; il y eut une révolution dans la ville : une bataille fanglante fe livra au milieu des décombres des maifons embrafées, & une femme Grecque voyant fon fils fur le point d'être percé par la javeline de Pyrhus, lança de fa fenêtre une groffe tuile qui tomba fur la tête du héros, & gliffant fur le col, lui rompit les vertèbres. A l'inftant les yeux de l'infortuné fe couvrent d'épaiffes tenèbres, les rênes de fon cheval échappent de fes mains défaillantes, & il tombe évanoui près d'un tombeau fans que perfonne le reconnaiffe.

La fraîcheur du marbre fur lequel repofait la tête de Pyrhus commençait à ranimer fes fens, lorfqu'un certain Zopyre qui fervait fous Antigone, le plus mortel de fes ennemis, appercevant le héros qui luttait péniblement contre la douleur, le traîna fous un portique, & leva fon cimeterre pour lui couper la tête. En ce moment, Pyrhus fe retourne & regarde fon affaffin d'un air à la fois fi majeftueux & fi terrible, que Zopyre en proie à l'ef-

froi, mais non au remord, ne put porter qu'un coup mal aſſuré à ſa victime. Le
cimeterre frappa le Roi d'Epire au-deſſous
de la bouche & lui fendit le menton ;
il fallut encore pluſieurs coups pour ſéparer ſa tête.

Ainſi périt ce Pyrhus, ſans lequel l'Epire n'aurait jamais eu dans l'hiſtoire un
inſtant d'exiſtence. Toute l'antiquité a
retenti de ſon éloge ; les Romains qui
dans leur ſyſtème de vanité nationale, ne
prodiguaient que malgré eux le titre de
grand-Homme à l'ennemi qui les avait
vaincus, l'accordèrent à ce Héros, & ſa
défaite leur valut l'empire de l'Italie, ce
qui les conduiſit à ſe meſurer avec Carthage, qui ſeule pouvait leur diſputer
l'empire du monde.

Pyrhus était deſcendu en Italie, pour la
première fois, l'an 473 de l'ère du Capitole ; ſa ſeconde invaſion eſt de l'an 477.
Curius l'année ſuivante le défit à la journée de Bénevent, & l'obligea de retourner en Grèce. Enfin, c'eſt l'an 481 qu'il

délivra Rome par sa mort, du plus redoutable ennemi qui eût menacé son indépendance depuis sa fondation en République.

Tableau des Mœurs de Rome a l'époque ou elle devint maitresse de l'Italie.

Notre histoire de l'antiquité est celle des mœurs des Nations, plutôt que le tableau aride & monotone des guerres cruelles qu'elles se font, pour usurper aujourd'hui quelques arpens de terres qu'on leur enlevera demain. Mais comme les mœurs même, chez un peuple à grand caractère, variant sans cesse suivant les différentes époques de sa civilisation, ce serait mentir à la postérité, que de croire les lui faire connaître en n'usant à les peindre qu'un seul de ses crayons. Cette observation paraît sur-tout dans toute sa force quand on écrit l'histoire de l'ancienne Rome. Quoique le fond du caractère d'un Romain paraisse essentiellement le même pendant près de sept cents ans, & qu'au travers des modifications que

dés loix nouvelles, l'abus de la gloire, &
fur-tout l'introduction du luxe y ont
apportées, on découvre toujours le limon
vierge, principe de fon organifation ; cependant il y a tant de nuances fucceffives
dans le tableau qu'il préfente, que rien ne
fe reffemble moins au premier coup d'œil,
que le Romain auquel Romulus donna
une patrie, celui que Pyrhus vainquit, &
celui qui fe profterna au pied des Céfars.

Nous avons crayonné les mœurs de
Rome fous Romulus ; nous avons vu
comment ce Légiflateur qu'on a appellé
un grand-Homme, mais qui ne fut qu'un
homme extraordinaire, fonda avec la lie
des Latins, une ville deftinée à devenir
la capitale du monde ; & de cette époque
à l'invafion de Pyrhus, nous avons eu occafion d'obferver plufieurs fois par quels
degrés cette lie s'épura, & comment de
vils efclaves ou des hommes échappés au
fupplice, devinrent les ayeux des Camille, des Régulus & des Fabricius.

Cette époque de l'invafion de Pyrhus,

où Rome vainquit le plus redoutable de ses ennemis, sans Machiavélisme, & avec les vertus des Curius & des Fabricius, plutôt qu'avec leur épée ; cette époque, dis-je, est celle du caractère Romain dans sa maturité, & il faut s'y arrêter un moment, pour que le tableau général de la République fasse ressortir davantage le tableau individuel de ses grands-Hommes.

Le gouvernement de Rome est le premier objet qui frappe les regards. Les Romains voulaient être libres, parce que sans la liberté il est impossible à l'homme de faire de grandes choses, mais ils ne savaient point l'être. Toutes les magistratures qu'ils créèrent pour suppléer à la Monarchie, tendaient à la Monarchie, & elles l'auraient bientôt remplacée, si les Législateurs n'avaient pas eu le bon esprit, soit d'en rendre la durée très-courte, soit de les opposer entr'elles, pour que du moins, du temps employé à s'observer, il résultât le repos de la République.

Malheureusement ces chaînes mêmes

données aux Magiſtrats pour aſſurer la liberté publique n'étaient pas ſans incon-vénient; le peu de durée du Conſulat em-pêchait les grands projets d'adminiſtra-tion, de murir dans la tête des hommes d'état; l'amour - propre ne ſe trouvant point identifié par la légiſlation avec l'amour de la patrie, rarement on conſer-vait un monument qu'un autre avait exécuté, & dont il aurait eu toute la gloire; le premier Magiſtrat cherchant à rendre le temps de ſa geſtion mémorable, il faiſait le bien du moment, mais preſ-que jamais celui qui pouvait lui ſurvivre.

D'un autre côté, en armant les magiſ-tratures entr'elles, on faiſait de la Ville entière une eſpèce d'arène de Gladiateurs; il y a eu, par exemple, des diſſentions inteſtines, nées de la rivalité éternelle du Tribunat & du Conſulat, qui ont été plus funeſtes à Rome, que la perte de pluſieurs batailles.

A meſure que le gouverment Ariſto-cratique prit de la conſiſtance, l'iné-

galité entre les citoyens parut plus à découvert ; il y eut deux ordres essentiellement distincts dans l'état, celui des nobles
& celui des hommes sans naissance ; celui
des riches & celui des pauvres, ou plutôt
celui des bourreaux & celui des victimes.

Il y avait, je le sais, de temps-en-
temps, grace aux fougues du Tribunat,
des espèces d'insurrections qui rétablis-
saient l'équilibre anéanti par la tyrannie
des nobles ; mais ces insurrections mêmes,
étaient presque toujours un mal, parce
qu'elles ne détruisaient pas la tyrannie
dans son germe, parce qu'elles envelop-
paient dans la même vengeance, les factieux & les grands-Hommes, & sur-tout
parce qu'elles apprenaient aux bras du
corps politique, qu'ils n'avaient pas besoin de tête pour se gouverner.

Le germe de la tyrannie des Patriciens
était dans leurs richesses ; car à cet égard,
l'état pauvre n'est pas distingué de celui
que le luxe dévore ; le premier tyrannise
la multitude avec le cuivre qui lui sert

de monnaie, comme l'autre avec l'or, dès qu'on y laiffe introduire la double iné-galité qui réfulte du préjugé de la naif-fance & de la différence des fortunes.

Sous les Rois, l'inégalité de fortune était moins apparente : comme le peuple avait une forte de part à la puiffance, il en avait auffi au butin & aux conquêtes. A la formation de la République, les Pa-triciens d'ordinaire vainquirent pour eux, pillèrent pour eux les Villes qu'ils pre-naient d'affaut, & firent des dépouilles ennemies, le prix exclufif de leurs exploits. Ils favaient bien qu'en faifant fervir im-punément leur pouvoir à acquérir des richeffes, s'il arrivait jamais quelque ré-volution qui favorifât la Démocratie, ils feraient fervir les richeffes à acheter le pouvoir.

L'idée grande & noble que tout citoyen qui a part à la fouveraineté de fon pays, doit, dans les dangers publics, contribuer de fa fortune & de fa perfonne, fervir encore à rendre plus choquante l'inégalité des deux

ordres de l'État. Dans le premier âge de la
République , il n'y avait point de solde
réglée pour les troupes ; le titre de stipen-
diaire aurait paru avilissant aux concitoyens des Brutus & des Camille ; mais
comme le Plébeyen était hors d'état de
fournir aux frais de chaque campagne , il
contractait des dettes ; le Patricien les
payait en faisant accepter des créances
usuraires , & peu-à-peu les intérêts s'ac-
cumulant , le débiteur qui devenait in-
solvable , tombait dans les fers de l'homme
dur & altier pour qui il avait fait des
conquêtes.

La paye réglée des troupes ne s'établit que pendant le siège de Veyes ; d'a-
bord on fixa celle de l'infanterie, & trois
ans après, celle de la cavalerie ; il paraît par
un texte de Polybe, (car le majestueux
Tite-Live descend rarement aux détails
de l'administration) il paraît, dis - je ,
que la solde du fantassin fut originairement de deux oboles, ou quatre sols huit
deniers de notre monnaie , & celle du

cavalier, triple, c'eft-à-dire, de fix oboles, ou quatorze fols : les foldats Romains, avec une pareille paye, devaient être fatisfaits, car le peu de cherté des vivres était en proportion de la difette du numéraire : on ne payait alors en Italie que quatre oboles le boiffeau de froment, ce boiffeau fuffifait à la nourriture d'un homme pour huit jours : auffi quand le Senatus-Confulte qui réglait cette paye, fut publié, le peuple le reçut avec tranfport, & fut plus de gré à la nobleffe d'un pareil bienfait, que de vingt victoires.

Malheureufement, à l'époque du fiège de Veyes, le coup fatal donné aux mœurs par l'inégalité était porté, & la paye donnée aux légions, ne faifait que pallier le mal fans le guérir. Le gouvernement Romain, en tolérant l'ufure dès la naiffance de la République, altéra le principe de l'économie politique, & étouffa dans leur germe plufieurs générations de grands-Hommes ; il fallait que le mal fût bien grand, puifque plufieurs fiècles après, un citoyen demandant à Caton le Cenfeur, ce qu'il penfait de l'ufure, cet homme de bien répondit avec indignation, *ce que je dois penfer de l'homicide.* Sous le dernier Caton, l'ufure plus audacieufe encore, mit vraiment à mort la République.

On peut juger des fuites affreufes qu'entraîna la tolérance des dettes ufuraires, par le tableau que font les hiftoriens de l'efpèce de tyrannie légale, que les créanciers exerçaient fur leur débiteurs; quand un Plébeyen était infolvable, il était permis au Patricien qui l'avait ruiné, de l'envoyer labourer péniblement fes terres, ou de l'occuper dans fa maifon aux vils fervices des efclaves : dans les deux cas on le chargeait d'une chaîne pour l'empêcher de fe dérober à l'oppreffion, & fans une révolution dans le gouvernement l'infortuné était perdu pour la patrie. Les inftitutions des douze Tables, loin de réformer cet abus de l'Ariftocratie, y ajoutèrent encore, en imaginant, contre des débiteurs malheureux, ou de mauvaise foi, une loi atroce digne des Cannibales. Comme les enthousiastes de la grandeur Romaine ont tantôt nié l'existence de cette loi, & tantôt en ont pallié l'horreur, en la reléguant parmi les allégories, il faut transcrire le texte des *Nuits attiques* d'Aulu-Gelle qui la renferme; on appréciera mieux cette étrange législation de Rome, que de prétendus philosophes ont osé assimiler avec les Codes sublimes de Solon, de Lycurgue & du Législateur de Philadelphie.

» « Quand un citoyen avouait sa dette
» devant les Tribunaux, on lui accordait
» trente jours pour trouver la somme. Cet
» intervalle était regardé comme une sus-
» pension des droits des créanciers, qui
» pendant cette espèce d'amnistie ne pou-
» vaient faire aucune poursuite. A l'ex-
» piration du terme, le débiteur insolva-
» ble, traduit devant le Prêteur, était
» livré par sa sentence entre les mains

» des créanciers qui le garottaient & le
» chargeaient de fers : voici la loi ori-
» ginale.

« *Qu'on accorde trente jours de délai au*
» *débiteur convaincu en Justice ; qu'ensuite*
» *on le traîne aux pieds du Juge , à moins*
» *que quelqu'un ne se présente pour satis-*
» *faire sa dette. Qu'on le charge de fers*
» *du poids de quinze livres au moins , &*
» *plus pesans si l'on veut. Dans cet état*
» *l'accusé vivra , s'il le veut à ses frais :*
» *sinon celui qui le tient en prison , lui*
» *fournira chaque jour au moins une livre*
» *de farine pour sa nourriture.*

» Pendant sa captivité, le débiteur pou-
» vait encore traiter avec son créan-
» cier ; s'il ne le faisait pas elle durait
» soixante jours. On l'en tirait pendant
» trois jours de marché pour le présen-
» ter à l'audience du Prêteur, & à la
» troisième citation, s'il ne faisait au-
» cun arrangement , il perdait la vie,
» ou, transporté au-delà du Tibre, il y
» était vendu à des Etrangers. Les Dé-

» cemvirs ne s'en tinrent pas à cette inf-
» titution terrible ; pour maintenir à
» jamais la bonne foi dans le commerce,
» ils voulurent que le fupplice des débi-
» teurs préfentât un fpectacle d'horreur
» & d'atrocité capable d'imprimer l'effroi
» dans l'ame de tous les citoyens :car lorf-
» qu'un de ces malheureux avait été livré
» à plufieurs créanciers, ils pouvaient, au
» gré de leurs defirs, le déchirer, lui
» couper les membres & fe les parta-
» ger. Le texte de cette loi odieufe eft
» formel. *Au troifième marché les créan-*
» *ciers pourront couper le corps du débi-*
» *teur en morceaux, & s'ils en coupent*
» *plus ou moins, ils refteront impunis* ». (a)

(a) *Tertiis nundinis parteis fecanto ; fi plus minus ve fecuerunt, fine fraude efto.* C'eft la cin-quième loi de la troifième Table.

Au refte, Aulu-Gelle n'eft pas le feul Ecrivain qui faffe mention de cette loi abominable. A l'au-torité des *nuits attiques*, on peut joindre celle des *fameufes inftitutions oratoires* de Quintilien. *Sunt quædam non laudabilia naturâ, fed jure*

Quand les Bufiris & les Phalaris firent un code pour tourmenter l'efpèce humaine, ils n'imaginèrent rien de plus monftrueux que cette loi des Décemvirs, & l'homme de bien manque de termes pour exprimer fa jufte indignation, quand il voit que Cicéron préférait le code d'où elle eft tirée, à tous les livres des Philofophes. Heureufement cette loi de mutilation tomba en défuétude; & les mœurs, plus puiffantes que les inftitutions de quelques hommes de fang, plaidèrent la caufe facrée de la nature; car les hiftoriens avouent que depuis le Décemvirat jufqu'à la chûte de la République, on ne vit jamais des créanciers affez impitoyables pour fe partager, en vertu du privilège de la loi, le fang & les mem-

---

conceffa, ut in duodecim tabulis debitoris corpus inter creditores dividi licuit: quam legem mos publicus repudiavit. Voy. lib. 3, cap. 6. Ainfi, malgré les enthoufiaftes du nom Romain, la loi de mutilation contre les Débiteurs exifte, & n'eft point une allégorie.

bres de leur débiteur ; comme dans un gouvernement bien ordonné, ils se partageraient les biens que sa mauvaise foi tenterait de dérober à son naufrage. Ce triomphe des mœurs sur la loi, fait plus l'éloge de Rome, que la soumission à une loi aussi abominable n'en fait la critique.

Au reste, sans abroger tout-à-fait la loi de mutilation, il paraît que de temps-en-temps l'indignation du peuple arracha des Sénatus-Consultes qui tendaient à la rendre inutile. Tite-Live en cite un, peu d'années avant l'invasion de Pyrhus, qui fait tacitement le procès aux douze Tables : ce fut comme il est d'usage dans les Républiques, une infraction solemnelle des mœurs qui amena cette révolution dans la Jurisprudence. Parmi les Plébeyens obérés de dettes & dont les malheurs excitaient l'intérêt de la multitude, était un Publilius, vieillard vénérable, qui avait en tout temps bien mérité de la patrie par ses services. Son fils eut la générosité, pour acquitter ses dettes, d'engager sa propre personne auprès de Papirius, le plus impitoyable de ses créanciers. Ce Héros de la piété filiale était de la figure la plus heureuse, & entrait à peine dans l'adolescence. Papirius conçut pour lui l'infâme passion dont les ennemis de la philosophie ont calomnié l'amitié de Socrate pour Alcibiade. Il tenta d'abord de le séduire par l'assurance de veiller sur sa destinée & sur celle de son père : ensuite il voulut l'intimider par la perspective d'une servitude qui durerait autant que sa vie. Le vertueux Romain resta inébranlable. L'ame fière d'un soldat de Camille ou de Décius, n'était pas faite pour loger dans le corps d'un Ganymède. L'abominable Patricien, outré de la résistance du jeune Héros, le fit dépouiller & battre de verges ; mais à peine l'infortuné avait-il subi son supplice, qu'il trouva le moyen de s'évader : un peuple immense était alors dans la place publique ; il apprend l'attentat

de Papirius, & croyant qu'on va renou-
veller toutes les horreurs du Décemvirat, il parcourt la ville, appellant à
grands cris la vengeance. Les Confuls, à
la naiſſance du tumulte, ſe hâtent de con-
voquer le Sénat, & la crainte d'une révolution pareille à celle qui ſuivit le crime
d'Appius envers Virginie, l'engage à ſta-
tuer que déſormais les créanciers n'auraient d'action que ſur les biens de leurs
débiteurs & non ſur leur perſonne ; mais
ce Sénatus-Conſulte qui n'avait été donné
que pour prévenir le mal du moment,
ayant bien moins force de loi que l'inſti-
tution des douze Tables, tomba bien plutôt en déſuétude ; ainſi les mœurs publiques furent toujours la vraie Egide de
Rome pendant plus de quatre cents ans,
contre l'abominable loi de mutilation
imaginée par ſes abſurdes & atroces Lé-
giſlateurs.

Ce ſont ces mœurs publiques, qui lorſque les Patriciens envahiſſaient toutes les
fortunes, lorſque leur avarice donnait

naiffance aux ufures les plus criantes, lorfque, malgré la loi qui leur défendait de
s'approprier plus de cinq cents arpens, ils
ufurpaient des provinces entières dont ils
chaffaient les habitans pour les peupler
de leurs efclaves ; ce font ces mœurs
publiques, dis-je, qui en empêchant
quelques grands-Hommes de fe perver-
tir par la contagion de l'exemple, les
entourèrent de la confidération générale
pour qu'ils échappaffent au ridicule. Alors
Cincinnatus put être tiré de la charrue
afin d'être nommé Dictateur ; alors
Fabricius put montrer au Roi d'Epire,
toute la grandeur Romaine fous les hail-
lons vénérables dont il était revêtu ; alors
Curius dont les Samnites tentaient de
corrompre l'augufte pauvreté, put dire en
fouriant : *j'aime mieux commander à ceux
qui ont de l'or, que d'en avoir moi-
même.*

Nous avons vu que les exactions de
la nobleffe, fa fureur d'envahir toutes
les terres, fon ambition de concentrer

en elle toutes les Magiſtratures, avait été le germe de toutes les diſcordes inteſtines; mais il eſt difficile qu'on ſoit tyran public, ſans l'être en même temps dans l'intérieur de ſa maiſon. Les Romains qui, ſuivant le corde bizarre & ſanglant de Romulus, pouvaient tuer leurs femmes quand elles s'enivraient, ou qu'elles fabriquaient de fauſſes clefs, tenaient d'ordinaire ces infortunées dans l'oppreſſion la plus aviliſſante, & même dans ces ébats de l'amour, qui ne tirent leurs charmes que de la plus parfaite égalité, ils les traitaient en eſclaves. Celles-ci qui, en qualité de Républicaines, étaient ſouvent des Héroïnes, ſe vengèrent quelquefois en ſe montrant plus grandes que leurs perſécuteurs; mais auſſi (& l'hiſtoire ne doit point le diſſimuler) dans quelques occaſions rares où leur ame flétrie par une longue oppreſſion, cherchait à braver la double tyrannie d'un époux & d'une loi qui ne ſavait point les protéger, elles ſe vengèrent par des perfidies. Tite-Live en cite un exemple dans le cinquième siècle de l'ère du Capitole, qui fait frémir.

On voyait depuis quelque temps les premiers Citoyens de Rome mourir avant l'âge, & presque tous du même mal & avec les mêmes symptômes. Une Esclave promit à Fabius Maximus, qui exerçait alors l'Edilité Curule, de lui découvrir la cause de cette mortalité, pourvu qu'on la mît à l'abri de tous les évènemens. Les Consuls instruits du rapport par l'Edile, mirent l'Esclave sous la protection du Gouvernement, & elle déclara qu'un poison violent apprêté par des dames Romaines & placé dans le breuvage de leurs époux, avait mis en deuil tant de familles illustres; sur les indices de l'Esclave, on entre dans les appartemens secrets de quelques-unes des accusées, & on y trouve en effet des breuvages empoisonnés tout prêts & des plantes venimeuses pour en préparer. Le tout est porté dans la place publique, & vingt des femmes chez qui on venait de faire cette horrible découverte, sont citées à comparaître devant les Magistrats ; il y a une sorte d'audace qui accompagne toujours les grands crimes. Deux des accusées, Cornélia & Sergia, de maison Patricienne, loin de trembler à la vue du péril qui les menace, soutiennent, avec une effronterie qui déconcerte les Juges, que les breuvages saisis ne sont que des remèdes pleins d'activité. Un Despote de l'Orient aurait fait faire l'essai par des Esclaves, des Républicains éclairés par des animaux domestiques : les Romains proposèrent aux accusées d'avaler elles-mêmes une partie des breuvages qu'on avait tant de raison de soupçonner. Elles y consentirent toutes, se partagèrent la coupe fatale, & expirèrent. Sur les nouvelles lumières qu'on acquit, on alla à la trace des complices, il y en avait cent soixante-dix ; elles furent décélées, convaincues, & subirent leur supplice.

Jusqu'à cette époque, on n'avait cité personne pour le crime d'empoisonnement : cet attentat parut si monstrueux,

que le gouvernement, pour ne point flétrir les mœurs Romaines aux yeux de la
poſtérité, imputa le complot des compa-
gnes de Sergia & de Cornélia, à un eſprit de
vertige plutôt qu'à un fond de ſcélérateſſe :
& comme on trouva dans les annales de
la République que dans une occaſion où
les eſprits ſemblaient aliénés par la fureur
des diſcordes, on avait guéri l'imagination populaire par la cérémonie bizarre
du Lectiſterne, au même mal on appliqua
le même remède ; il y eut donc un Dictateur nommé qui, eſcorté de tous les
Miniſtres de la religion & en préſence
d'une foule immenſe, alla en cérémonie
planter un clou ſacré ſur le mur d'un
Temple au Capitole.

Toute abſurde que nous paraît l'idée
de clouer le mur d'un Temple pour empêcher des femmes d'empoiſonner leurs
maris, il en réſulte toujours une obſer-
vation eſſentielle, c'eſt qu'à Rome la
religion était dans l'Etat ; les Magiſtrats,
premiers Pontifes, faiſaient ſervir le culte

à la politique ; & en dirigeant ainſi l'opi-
nion publique, par rapport aux ſuperſtitions, ils les empêchaient de dégénérer
en fanatiſme.

Originairement, la religion de Rome
avait été auſſi barbare que l'ame des brigands qui l'avaient fondée ; il n'y avait
qu'un Dieu pour les vils & féroces compagnons de Romulus ; c'était leur épée.
Numa vint, & comme nous l'avons
déjà vu, ramena tout d'un coup ſon peuple au culte de la nature, en lui donnant
celui de la raiſon ; mais un pareil code
religieux eſt trop ſublime pour durer long-
temps ſans ſe dégrader, chez une multitude ignorante, qui veut des Dieux petits
& faibles comme elle. Les Romains adop-
tèrent donc inſenſiblement toutes les
ſuperſtitions de leurs voiſins, mais en les
accommodant au caractère national ; car
ils ne voulaient pas que les Dieux qu'ils
avaient vaincus ſe vengeaſſent de leur défaite, en donnant des loix à leurs vainqueurs.

G iij

Lors de la conquête de l’Italie, Rome se trouva inondée de Dieux étrangers; mais rarement ils firent du mal, parce qu’ils furent obligés d’être auffi tolérans que les Magiftrats qui les fouffraient dans la République : chacun de ces Dieux avait quelque autel où le manège des Miniftres facrés mettait à contribution la crédulité du vulgaire; mais la nobleffe de Rome, les Magiftrats, tout ce qui était par fes lumières au-deffus de fon fiècle ne croyait qu’au Dieu de Numa, au *Deus optimus maximus* qui régiffait les mondes, & que repréfentait le Jupiter tonnant du Capitole.

Les arts, à l’époque dont l’hiftoire nous occupe, avaient encore fait peu de progrès dans Rome. Les Grecs qui devaient, avec leur fiècle de Périclès, lui compofer un fiècle d’Augufte, ne lui étaient guere connus que par leur colonie dégénérée de Tarente, que Pyrhus, avec tout fon génie, ne put fauver de l’efclavage. Elle n’érigeait à fes Héros que des ftatues informes pareilles aux Ifis Egyptiennes ; fes tableaux les plus précieux n'étaient composés que de quatre couleurs, tous fes monumens d'architecture confiftaient dans les cloaques de Tarquin.

On peut juger du peu de progrès des arts dans Rome, par l'anecdote que l'hiftoire nous a confervée fur fa monnaie. Il y avait plus de 480 ans que la Ville fubfiftait, & on ne s'était pas encore avifé de fabriquer des pièces d'or & d'argent, pour les faire fervir de figne repréfentatif des richeffes. Toute la monnaie de ce genre qui circulait dans le commerce, était étrangère, & d'ordinaire prife fur l'ennemi : on avait battu des pièces d'airain ; mais il n'exiftait aucune monnaie d'or & d'argent frappée au coin de la République. Lors de la guerre de Pyrhus, le Sénat ayant confulté Junon fur la difette de numéraire, qui mettait obftacle à la paie des légions, la divinité répondit, à ce qu'on prétend, par un de fes Pontifes, *qu'il fuffifait aux Romains d'être juftes & courageux , & que l'argent ne leur manquerait pas.* Cet avis (*monitum*) fit donner à Junon le furnom de *Moneta*, qui s'étendit enfuite à la monnaie, s'il eft permis de croire à une fi bizarre étymologie.

La mufique dont quelques Légiflateurs fe fervirent avec tant de fuccès pour civilifer le Péloponèfe, était encore à fon berceau à Rome, au temps de l'invafion de Pyrhus : cependant elle fentait le befoin d'adoucir par une harmonie même fauvage, la rudeffe de fes citoyens; elle entretenait un certain nombre de joueurs d'inftrumens, étrangers fans doute, qui employaient leur miniftère pour augmenter la pompe des grands facrifices. Environ deux fiècles après la révolution qui en fit une République, les Cenfeurs, bleffés peut-être de leur licence, leur défendirent, malgré l'ufage immémorial, de manger dans le temple de Jupiter : ces hommes qui fentaient le befoin qu'on avait de leurs talens, quittèrent Rome à l'inftant,

& fe retirèrent tous enfemble à Tibur. L'allarme alors fut dans la Ville, le Sénat qu'on avait rendu, par des motifs religieux, fenfible à cette défertion, députa aux Tiburtius pour leur demander les fugitifs; mais la négociation ne réuffit pas par l'opiniâtreté des muficiens qui ne voulurent rentrer à Rome qu'avec la confirmation de leurs anciens privilèges. Tibur, ainfi que la République, regardait cette affaire futile comme une affaire d'état. Les Magiſrats de cette Ville, déterminés à fatisfaire le Sénat à quelque prix que ce fût, voyant que la raifon ne pouvait rien fur des hommes auffi obftinés, les enivrèrent, & quand ils les virent affoupis, les chargèrent pèle-mêle fur quelques chariots qui les portèrent jufques dans Rome. Les muficiens ne fe reconnurent que le lendemain, lorfque revenus de leur yvreffe, ils fe trouvèrent au milieu de la place publique où on les avait laiffés. Le peuple accourut, fit éclater la joie la plus vive à la vue de leur retour, & après leur avoir

fait promettre de ne plus l'abandonner,
obtint du Sénat que ceux d'entr'eux qui
feraient appellés aux facrifices, continue-
raient à manger dans le temple de Jupiter.

Le feul art que Rome cultiva avec
fuccès à cette époque , fut l'art de la
Guerre, & à cet égard elle fut le modèle
de tous les peuples dominateurs, parce
qu'elle fit de grandes chofes avec de petits
moyens; parce que la politique de fes
fages s'unit avec le courage de fes guerriers pour protéger les puiffances faibles,
pour rendre inutiles la force des autres,
& pour réuffir à la longue à les enchaîner toutes.

Le beau côté de ces Romains eft vraiment le patriotifme guerrier qui les portait aux plus grands facrifices , pourvu
qu'il en réfultât la gloire de la République. Jamais on ne vit briller avec plus
d'éclat ce qui conftitue aux yeux de
l'homme en fociété la vertu par excel-
lence. Les grands-Hommes que Rome

nourriſſait dans ſon ſein, avaient beſoin de mourir pour elle, comme les être vulgaires ont beſoin d'exiſter ; & c'eſt en marchant ſur les corps de tous ſes Héros magnanimes, que le peuple Roi eſt parvenu à la Monarchie univerſelle.

CONSIDÉRATIONS SUR LA RIVALITÉ DE ROME ET DE CARTHAGE. ORIGINE DE LA PREMIÈRE GUERRE PUNIQUE.

LES puiſſances conquérantes ſont comme les deſpotes; leurs deſirs s'irritent par les jouiſſances. Rome venait de vaincre ce ſuperbe Pyrhus que la renommée faiſait deſcendre d'Achille, & croyant avoir vaincu en ſa perſonne Achille lui-même, & tous les héros dont la Grèce s'enorgueillit, elle aſpire à faire ſubir ſon joug à tous les Rois. L'Italie venait de la reconnaître pour ſa métropole; & déjà trop à l'étroit dans la vaſte Péninſule où elle domine, elle affecte l'empire des mers. Les petites Lucumonies Etruriennes, après trois ſiècles de réſiſtance, reconnaiſſaient ſes loix, & elle ſe flatte d'enchaîner ou de détruire la ſeule République du Globe qui pouvait lui diſputer la Monarchie univerſelle.

Carthage était bien faite à cette époque pour exciter la jalousie ambitieuse de Rome : placée au centre de la Méditerranée, & également à portée de l'Orient & de l'Occident, elle embrassait par les mers qu'elle couvrait de ses flottes toutes les régions du monde connu. Les trésors de mille Nations tributaires de son industrie, après avoir circulé dans ses nombreuses colonies, aboutissaient dans ses remparts, & elle se servait de ses trésors pour acheter sans cesse de nouvelles Souverainetés.

Cependant la grandeur de Carthage venant plutôt du faste qui l'environnait que de sa force intérieure, l'observateur philosophe devait pressentir que quand elle se trouverait en présence avec une République qui aurait de la force sans faste, elle succomberait. Cette maxime est la clef de l'histoire de toute l'antiquité.

Carthage avait en elle-même un grand nombre de principes de mort qu'il faut développer rapidement, afin d'aider le lecteur à enchaîner les faits, & de le préparer au triomphe de sa rivale, vainement retardé par la confédération de cent peuples & par le génie d'Annibal.

Carthage était riche quand elle se présenta dans l'arène pour combattre; elle crut terrasser avec des armes d'or, une ennemie qui se défendait avec du fer; elle ne voyait pas que cet or, sans augmenter sa propre force, ne servait qu'à doubler celle de sa rivale, en lui donnant l'espoir de s'enrichir de ses dépouilles.

La République Africaine commandait à mille Villes répandues sur toutes les côtes des mers qu'elle avait subjuguées: mais ces mille Villes éparses sur le globe, & souffant impatiemment le joug qu'on leur avait imposé, ne tenaient que par un fil à leur métropole. La République de Rome assise au centre de l'Italie, par conséquent de toutes les Nations qu'elle venait de réduire, ayant eu l'adresse de leur faire aimer ſes loix, & de les aſſocier, pour ainſi dire, à la gloire de ſes hautes deſtinées, avec un appareil moins impoſant de puiſſance, avait une vigueur plus réelle, parce qu'elle était plus concentrée. Tous les alliés de Carthage n'étaient que des alliés, c'eſt-à-dire, des étrangers qui avaient un intérêt particulier, indépendant de l'intérêt général de la confédération ; les alliés de Rome étaient tous des Romains.

Le Gouvernement de Carthage n'ayant pas, comme celui de Rome, le patriotiſme & les mœurs pour baſe, communiquait mal le mouvement principe à ſes nombreuſes colonies : comme l'Encelade frappé de la foudre, cet État orgueilleux avait cent bras & manquait de tête pour les diriger.

Tyr, pendant pluſieurs ſiècles, avait été le reſſort politique qui avait fait mouvoir la machine compliquée de Carthage ; c'eſt elle qui avait formé, à la fois, ſa Marine guerrière & ſa Ma-

rine marchande : elle veilla long-temps
à maintenir la dépendance de ses colonies ;
elle fut son boulevard du côté de l'Asie,
& les deux puissances se protégèrent
toujours avec une concorde bien rare
entre deux peuples voisins & faits l'un
& l'autre pour être dominateurs : mais
à l'époque dont l'histoire nous occupe,
cette Tyr n'était plus, Alexandre venait
de la renverser ; & Carthage, abandonnée
à elle-même, ne marchait plus pour
ainsi dire, qu'en boîtant, à la Monarchie
universelle.

Le grand principe de mort de Carthage, venait de ce que ses citoyens
en proie à un luxe dévorant, & n'attachant
qu'une idée vague au mot patrie, ne mirent par eux-mêmes aucun zèle à la défendre. Occupés à calculer l'or qu'ils avaient
amoncelé, ils aimaient mieux payer des
soldats que de l'être : ils achetèrent donc,
comme nous l'avons vu dans leur Histoire, le sang des peuples indigens &
courageux ; mais comme un vil inté-

rêt ne remplace jamais le patriotifme,
lorfque ces mercenaires fe virent en préfence avec d'autres guerriers également
intelligens & courageux, mais qui de plus
combattaient pour leurs propres foyers,
ils durent être aifément vaincus ; en vain
eurent-ils de grands-Hommes à leur tête ;
l'équilibre entre les deux puiffances rivales, fe trouva, à la longue, néceffairement
rompu. Scipion qui donne fon ame à fes
concitoyens, doit triompher d'Annibal,
qui ne fait manœuvrer que des efclaves.

Mais, c'eft affez s'étendre fur la rivalité de Carthage & de Rome. La politique n'eft qu'une fcience vague, fans les
faits ; & l'éloquence de l'hiftoire, comme
celle du poëme épique, confifte moins à
peindre les Héros, qu'à les faire mouvoir.

Il y avait déjà long-temps que les deux
métropoles de l'Italie & de l'Afrique s'ob-
fervaient ; elles avaient pendant un fiècle
étudié en filence le fecret de leurs forces,
avant de fe mefurer fur un champ de
bataille ; elles s'étaient même liés pendant

cet intervalle par de vains traités, dont ni l'une ni l'autre n'avait laiſſé endormir ſa bonne foi.

Le premier traité qui parut lier les intérêts de Rome avec ceux de Carthage, eſt de l'année même où Brutus détrôna les Tarquins; il ſemblait que Rome attendît qu'elle fût libre pour avoir des rapports avec des hommes libres. Nous avons parlé en détail de ce traité ; les deux articles les plus importans étaient que les Romains ne navigeraient pas au-delà du beau promontoire, & que les Carthaginois ne paſſeraient pas une nuit dans le Latium. Les deux puiſſances qui connaiſſaient leur machiavéliſme, s'impoſaient déjà mutuellement des chaînes ; comme ſi une flotte ne pouvait traverſer une mer ſans en enlever l'empire à ſes poſſeſſeurs ; comme ſi une armée ne pouvait parcourir une région alliée ſans en tenter la conquête !

Le ſecond traité ne ſe fit que cent ſoixante - trois ans après le premier : on y confirma l'ancien, & on y ajouta deux claufes ; c'eſt que ſi les Carthaginois prenaient quelque ville du Latium qui ne fût pas de la domination Romaine, ils garderaient pour eux l'argent & les priſonniers ; mais qu'ils remettraient à la République leur alliée, la place elle-même ; l'autre eſt, que les Romains ne trafiqueraient point & ne bâtiraient aucune Ville ni dans la Sardaigne ni dans l'Afrique. Ces additions au traité primitif, prouvent encore que les deux Républiques négociaient enſemble, ſinon comme des puiſſances qui ſe haïſſent, du moins comme des puiſſances qui ſe craignent ; & on ſait que dela défiance à la haine, il n'y a qu'un pas entre deux États qui tendent également à devenir dominateurs.

Quarante ans après, des Ambaſſadeurs de Carthage vinrent à Rome pour voir de près cette Ville, dont la renommée avait déjà paſſé les mers : on y accueillit avec politeſſe, dit Tite-Live, ces Négociateurs, & on renouvella les anciens traités.

La dernière fois qu'on voit les deux

peuples se lier par des nœuds politiques, est au temps de l'invasion de Pyrhus : on y stipula que les Carthaginois fourniraient à Rome dans le besoin des vaisseaux pour la défendre ; ce qui prouve qu'à cette époque les concitoyens des Curius & des Fabricius n'avaient point encore de Marine.

C'est en conséquence de ce dernier traité que vers le temps de la victoire du Roi d'Epire, sur le Consul Levinus, Magon, Amiral de Carthage, qui dominait alors sur la Méditerranée, vint, par ordre de sa République, trouver le Sénat de Rome, & lui offrit une flotte de six vingt vaisseaux, pour empêcher Pyrhus de conquérir l'Italie. Rome étala dans sa réponse une reconnaissance factice ; elle dit que le zèle de Carthage lui était cher ; mais qu'elle n'entreprenait aucune guerre qu'elle ne pût terminer avec ses propres forces. Cette Ville qui avait déjà la conscience de sa supériorité, refusa de vaincre, avec des alliés dont elle méditait déjà la ruine. Elle aima mieux créer une Marine que d'en recevoir une toute formée, d'une rivale dont la protection humiliait son orgueil.

Enfin, chacune des deux Républiques étant en paix avec ses voisins, le feu qui couvait depuis long-temps sous la cendre, éclata avec violence. Le théatre de la première guerre qu'elles se firent, fut, comme la politique devait le pressentir, cette Sicile également à portée de Rome & de Carthage, également faite par sa richesse pour tenter leur ambition ; le prétexte, je ne dis pas le sujet de cette guerre, nous a été fourni par Polybe, le plus grand homme d'Etat des Historiens de l'antiquité.

Des aventuriers de la Campanie, long-temps à la solde d'Agathocle, s'étaient introduits en qualité d'amis dans Messine. Ces amis peu-à-peu étaient devenus des protecteurs, & avaient fini par être des tyrans : un jour ils parcoururent la Ville le poignard à la main, chassèrent une partie des habitans , égorgèrent l'autre , épousèrent ou violèrent leurs femmes , & prenant le nom de Mamertins, jouirent long-temps en paix des fruits de leurs brigandages.

Les crimes impunis en politique en engendrent d'autres. Rhège , située vis-à-vis de Messine , de l'autre côté du détroit , à l'approche de Pyrhus qui menaçait sa liberté, avait demandé des secours aux Romains. Ceux-ci leur envoyèrent une légion. Rhège, située sous un beau ciel, ayant derrière elle une campagne enchantée , & s'enorgueillissant de la beauté de ses édifices, avait , comme la Capoue d'Annibal, la vertu fatale d'énerver tout ce qui habitait dans ses remparts. La garnison Romaine protégea d'abord la Ville contre le Roi d'Epire, ensuite séduite par l'exemple & par les insinuations des Mamertins, qui cherchaient d'illustres complices, elle massacra, dans l'ombre de la nuit, des citoyens paisibles qui reposaient en paix sous sa sauve-garde , & arbora dans cette place importante l'étendard de l'indépendance.

Rome alors était la Rome des Curius & des Fabricius ; ainsi elle n'était pas assez rompue par son luxe & par ses victoires pour se taire sur une pareille perfidie : mais occupée à se défendre contre l'invasion de Pyrhus, elle laissa dormir pendant dix ans sa juste indignation. Dans l'intervalle, les Mamertins qui se croyaient puissants, parce qu'on les laissait impunis, poursuivant le cours de leurs brigandages, entrèrent par stratagême dans Crotone, égorgèrent la garnison Romaine, renversèrent la Ville & en ajoutèrent le territoire à leur Souveraineté.

Enfin Rome, victorieuse de Pyrhus, arma contre des citoyens rebelles. Le Consul Genucius vint, à la tête de ses légions, mettre le siège devant Rhège, & avec le secours d'Hyeron, Roi de Syracuse, prit la place d'assaut : plusieurs historiens prétendent que les quatre mille brigands dont la légion rebelle était compofée , furent tous conduits enchaînés à Rome , qu'on les battit de verges , & qu'on leur trancha la tête. Ce carnage légal n'eft pas vraifemblable. Polybe, mieux inftruit fans doute , croit que des quatre mille hommes , il n'y en eut que trois cents d'exécutés à Rome, & que tout le refte fe fit tuer fur la brêche , pour fe dérober à l'ignominie du fupplice.

Après cet acte mémorable de juftice, Rome , dont la politique était encore vertueufe , rendit Rhège à la poftérité de fes anciens Souverains.

Les brigands de Meffine , privés de l'appui des brigands de Rhège , fentirent qu'ils allaient expier leurs attentats , & pour retarder le moment de la vengeance, ils cherchèrent des appuis hors de la Sicile : les uns s'adrefsèrent à Carthage, & lui livrèrent leur citadelle , les autres implorèrent la protection de Rome ; & tel fut le prétexte de la guerre entre les deux Républiques.

L'ambaffade des Mamertins mit d'abord

Rome dans une étrange perplexité : la guerre qu'on propofait était évidemment injufte ; c'était fouler aux pieds toute décence que de protéger les tyrans de Meffine, après avoir envoyé les tyrans de Rhège au fupplice : d'un autre côté, on voyait, avec inquiétude, Carthage maîtreffe de l'Afrique, envahir la Sicile, & faire de cette ifle un pont de communication pour defcendre en Italie. Si on avait propofé l'affaire à un peuple de Philofophes, comme celui de Philadelphie, loin de délibérer, on aurait renvoyé, avec indignation, les Ambaffadeurs ; mais un peuple conquérant a une autre morale, & la politique chez lui l'emporte toujours, quand elle eft mife en balance avec la vertu.

Au refte, il faut rendre juftice au Sénat Romain. Cette compagnie, que Cynéas avait défignée fous le nom d'une affemblée de Rois, avait un grand nombre de fages dans fon fein, qui l'empêchèrent de fe déshonorer aux yeux de l'Italie. N'ofant ni protéger ouvertement des fcélérats, ni abandonner l'occasion tant desirée de se mesurer avec Carthage, elle renvoya l'affaire au peuple, qui moins délicat, décida, non que la guerre était juste, mais qu'elle était utile, & envoya le Consul Appius Claudius au secours de Messine avec plusieurs légions. Le Sénat se crut ainsi à l'abri de reproche, parce que la guerre dont il rougissait, avait été déclarée sur un plébiscite plutôt que sur un Sénatus-Consulte.

PREMIERS ÉVÈNEMENS DE LA GUERRE PUNIQUE. VICTOIRES D'APPIUS ET DE DUILLIUS. FABLES SUR LA MARINE ROMAINE.

APPIUS fit toute la diligence pour arriver au secours des Mamertins avant qu'ils subissent le joug d'Hyeron, allié alors avec Carthage ; mais il s'agissait de traverser le détroit de Messine, & les Romains n'avaient point de flotte ; seulement ils avaient construit à la hâte des espèces de canots de sauvages, qui, par la grossièreté de leur construction, tenaient moins du navire que du simple radeau ; & le passage était d'autant plus impraticable, qu'un Amiral de Carthage croisait dans le détroit avec une flotte formidable. Le Consul, au défaut de la force, eut recours à un stratagême. Il feignit d'abandonner une entreprise insensée, & prit, à la vue de l'ennemi, la route de

Rome avec toutes ſes troupes de débarquement. L'Amiral Carthaginois qui bloquait Meſſine du côté du port, ſe retira alors vers la haute mer, comme s'il n'y avait plus de Romains ſur les côtes de l'Italie, & Appius profitant des ténèbres de la nuit, traverſa le détroit ſur ſes informes radeaux, & débarqua en Sicile avec ſes légions.

Les Romains, au point du jour, trouvèrent deux armées qui s'opposèrent à leurs conquêtes; mais ces Héros qui avaient bravé les vents & les vagues ſur de faibles nacelles, ne s'épouvantaient pas à la vue des hommes; ils marchèrent d'abord contre le Roi de Syracuſe. Ce Prince, ſurpris dans ſon camp, eut à peine le temps de ranger ſes troupes en bataille; il fut mis en déroute preſqu'avant d'avoir vu l'ennemi; & ſoupçonnant que les Carthaginois qui avaient été ſpectateurs oiſifs de l'action, avaient connivé à ſa défaite, il ſe retira plein de dépit à Syracuſe, & renonça à leur alliance.

Le Conful ne laiffa pas fa victoire im-
parfaite. Il conduifit, contre l'armée de
Carthage, fes légions qui venaient de triompher de celle de Syracufe. Malheureufement pour lui, l'ennemi était campé dans
une efpèce de péninfule, qui avait pour
fortifications naturelles, d'un côté, la mer,
& de l'autre, un large marécage; on y
avait ajouté un rempart qui fermait l'unique paffage par où une armée audacieufe
pouvait attaquer des retranchemens auffi
inacceffibles. Appius voulut forcer le
rempart, & fut repouffé. Les Carthaginois qui avaient toute la préfomption
de l'inexpérience, perfuadés que c'était à
leur valeur, & non à l'avantage des lieux
qu'ils étaient redevables de leurs fuccès,
s'avisèrent de pourfuivre les légions fugitives : celles-ci n'attendaient que de voir
leurs ennemis dans la plaine pour faire
volte-face. L'action s'engagea de nouveau,
& dès le premier choc, les Carthaginois
plièrent. Les uns fe fauvèrent en défordre
dans leur camp, les autres s'enfuirent

dans les Villes voiſines, & y portèrent la terreur du nom Romain. Le Conſul, après ce double exploit, ſe fit ouvrir les portes de Meſſine, & y laiſſa une nombreuſe garniſon. Quelque temps après, croyant la Sicile pacifiée, il ſe rembarqua pour l'Italie, & triompha de Syracuſe & de Carthage: ce triomphe fut d'autant plus flatteur aux yeux de ſes Concitoyens, qu'il était le premier Général qui l'eût remporté ſur des Nations que les mers ſéparaient de l'Italie.

Telle fut l'iſſue de la première expédition des Romains dans la Sicile. Elle couvrit de gloire le Conſul qui l'avait conduite; mais Rome qui l'avait ordonnée, avait beſoin de juſtifier cette gloire même aux yeux de la poſtérité.

Les victoires d'Appius engagèrent le Roi de Syracuſe à devenir l'ami des Romains. Il y eut un traité entre les deux puiſſances, qui ne devait avoir d'effet que pour quinze ans, mais que des ſervices réciproques rendirent perpétuel. Ce traité, en ouvrant à Rome les portes de la Sicile, peut être regardé comme le germe de la ruine de Carthage.

L'année qui suivit le traité avec Hyeron, ajouta une nouvelle base à la grandeur Romaine. Carthage, abandonnée à elle-même, avait pris le parti d'envoyer de nouveaux renforts en Sicile, & de faire sa place d'armes d'Agrigente : les Consuls descendirent avec une armée sous les murs de cette Ville, & en firent le siège. Alors Hannon, appellé par la garnison, vint à son secours avec cinquante mille hommes de pied, soixante éléphans, & six mille chevaux.

Les Consuls qui s'entendaient mieux aux coups de main qu'aux opérations lentes & laborieuses d'un siège, avaient négligé de s'assurer la liberté des convois. Hannon en profita pour mettre la famine dans le camp des assiégeans, comme ceux-ci l'avaient mis dans Agrigente. La peste se joignit ensuite au fléau de la disette & à celui de la guerre. La nature & les hommes,

tout confpirait à la perte des lâches protecteurs des brigands de Meffine; mais
leur étoile qui les appellait aux plus bril-
lantes deftinées, ne les abandonna pas,
& ils rendirent inutiles la famine & la
contagion, en remportant une victoire.

Hannon avait concerté avec le chef de
la garnifon d'Agrigente, que tandis qu'il
tomberait d'un côté fur les légions Romaines, les affiégés de l'autre feraient une
fortie vigoureufe, & qui affaiblirait l'armée des Confuls, en l'obligeant à fe partager : mais l'aveugle bravoure déconcerte
fouvent la prudence la plus confommée.
Tandis que le premier des Confuls re-
pouffait dans fes murs la garnifon, qui
était venu le harceler, fon Collègue tailla
en pièces l'armée de Hannon, s'empara
de fon camp, tua trente de fes éléphans,
& en prit onze, qui furent réfervés pour
fon triomphe. Cet exploit fit ouvrir au
vainqueur les portes d'Agrigente.

Le fiège de la place avait duré fept mois.
On peut juger de la perte des affiégés par

celle

celle des affiégeans, qui monta à plus de
trente mille hommes. Agrigente avait ca-
pitulé, & pour plaire à fes nouveaux Souverains, avant de les introduire dans fes
remparts, elle avait maffacré le petit
nombre de Carthaginois qui, chargés de
la défendre, avaient furvécu aux horreurs
du fiège. Cette perfidie, toute utile qu'elle
était aux vainqueurs, heureufement pour
la morale du genre humain, fut mal ré-
compenfée. La Ville fut pillée, & vingt-
cinq mille de fes habitans fut réduite en
efclavage.

La mauvaife foi, comme une épidémie
funefte, femblait gagner en Sicile tout
ce qui portait une épée. Hannon qui ne
pouvait payer quatre mille Gaulois mercenaires qu'il avait à fa folde, appréhendant
de leur part une révolte, leur propofa,
pour les dédommager, le pillage d'une
Ville dans laquelle il avait des intelligences; & pendant qu'ils marchaient vers
une proie que léur crédulité leur faifait
envifager comme certaine, le perfide Gé-

néral fit conseiller, par un transfuge, aux Consuls qui l'avaient vaincu, de les faire périr dans une embuscade. Le crime se consomma aussi facilement qu'il avait été imaginé. Les quatre mille Gaulois tombèrent entre les mains des Romains, & furent passés tous au fil de l'épée. Voilà ce que des Ecrivains aussi lâches que Hannon, appellent le droit de la guerre. Heureusement que ce droit des tigres ne fut pas reconnu par les Cincinnatus, les Fabricius & les Scipion.

Cependant, quoique Rome, pendant quatre ans de guerre, eût toujours marché de triomphes en triomphes, elle avait plus inspiré de terreur à la Sicile qu'elle n'y avait acquis de puissance. Pendant que ses Consuls annonçaient sa supériorité sur Carthage, par la valeur de ses légions, cette dernière triomphait de sa rivale par ses flottes : elle ravageait impunément les côtes de l'Italie; elle descendait en Sicile, & tenait bloqués ses vainqueurs au milieu même de leurs conquêtes. Rome

fentit alors la néceffité d'avoir une marine,
& fes Hiftoriens difent qu'elle s'en créa
une dans une feule campagne.

Nous avons déjà parlé au long dans
l'hiftoire de Carthage de tous les contes
que la vanité Romaine a imaginés, pour
la mettre, à cet égard, au-deffus de tous
les peuples navigateurs du globe; & il
eft bien étonnant que des Ecrivains Philofophes, tels que Polybe, les accréditent
par une crédulité non moins dangereufe
en hiftoire qu'en religion.

Au commencement de la première
guerre punique, les Romains, comme
nous l'avons vu, n'avaient pu traverfer
le détroit de Meffine que fur d'informes
radeaux. A cette époque ils n'avaient pas,
à ce que prétend une tradition plus que
fufpecte, une feule chaloupe armée en
guerre. Les premiers élémens de l'architecture navale leur étaient inconnus. Ils
n'avaient même jamais vu de quinqué-
rèmes, & fi le hafard n'avait pas fait
échouer une galère de Carthage fur leurs

côtes, ils n'auraient eu aucun modèle pour en conftruire.

Cette galère à cinq rangs de rames qui, fuivant les Arioftes du fiècle d'Augufte, donna une Marine aux Romains, était un des navires de la flotte Carthaginoife qui croifait fur le détroit de Meffine, lorfqu'Appius, au commencement de la guerre, tenta de le paffer fur fes frèles radeaux : s'étant avancée trop près du rivage, lorfque fon Amiral l'envoya à la découverte, elle donna contre des bancs de fable dont elle ne put fe débarraffer, & les légions du Conful s'en emparèrent. La quinquérème fut oubliée fur le rivage pendant quelques années; mais lorfque, vainqueurs fur terre, les Romains, d'un coup de baguette, voulurent fe créer un Empire fur les mers, ils allèrent en foule étudier le vaiffeau échoué, pour en deviner la conftruction & la manœuvre ; tandis que les uns abattaient des arbres & en formaient des galères dans les proportions de la quinquérème, les

autres affis fur des bancs le long du rivage,
répétaient les exercices fatiguants de la
chiourme; on les accoutumait, comme s'ils
avaient eu des rames à gouverner, à s'é-
lancer en arrière, en retirant leurs bras,
puis à les repouffer en avant pour re-
commencer la même manœuvre, le tout
en cadence & au fignal donné. Jufqu'ici
rien ne bleffe évidemment la vraifemblance : il ne faut que du patriotifme pour
effayer d'ôter, en quelques mois, l'empire
des mers à une Nation qui en jouiffait
paifiblément depuis plufieurs fiècles; eh
quel fiècle fut plus fécond en Héros patriotes, que célui des Décius & des Fabricius?

Mais il eft des merveilles que l'imagination tente, mais n'exécute pas. Il y
avait une forte de grandeur à faire du
Mont-Athos une Statue d'Alexandre ;
mais tout le travail fe borna probablement à un plan ingénieux qu'on renferma
dans le porte-feuille du vainqueur de
Darius. Ici, à en croire les Hiftoriens

de Rome, l'idée de créer une marine prefqu'en un clin d'œil, fut fuivie de l'exécution. On équipa, difent-ils, en deux mois,
cent galères à cinq rangs de rames, &
vingt à trois. Il paraiffait, ajoute Florus,
que cette flotte n'avait pas été conftruite
par des gens de l'art, mais que des intelligences céleftes avaient métamorphofé
des arbres en galères ; & ce qui parut
ainfi à Florus ne le parut pas moins à la
poftérité.

Le patriotifme peut engager Coclès à
défier à la tête d'un pont, une armée entière ; il peut arrêter avec trois cents
Spartiates, trois millions de Perfes aux
Thermopyles ; mais il ne crée pas en deux
mois cent vingt galères, capables de difputer l'empire de la Méditerranée au premier peuple navigateur du globe.

Cependant, fi d'un côté une flotte
formidable créée en deux mois par un
peuple auffi ignorant dans la conftruction
que dans la manœuvre, paraît une anecdote
digne des métamorphofes, de l'autre,

il faut brûler tous les monumens histori-
ques, si on révoque en doute la première
victoire navale remportée par les Romains
sur les Amiraux de Carthage. Il existe
donc un tempérament pour concilier la
victoire de Rome avec le prodige prétendu de la construction de sa flotte, &
ce tempérament se trouve quand on op-
pose les Historiens à eux-mêmes, & qu'en
adoptant leurs tableaux, on rejette le
cadre merveilleux que leur patriotisme y
a ajouté.

D'abord, il est évident par le premier
traité conclu entre Carthage & Rome,
que dès le temps de Tarquin le superbe,
cette dernière Ville avait une espèce de
marine marchande, qui trafiquait sur la
Méditerranée. Cette marine marchande,
quelque temps après, fut protégée par une
marine guerrière : car on voit dans les
fastes de la République, que très - anté-
rieurement à l'invasion de Pyrhus, des
Pirates de Tarente insultèrent une flotte
Romaine commandée par le Duumvir

Valerius. Ils est donc manifestement faux, que sans la quinquérème Carthaginoise échouée sur la côte de Rhège, Rome eût ignoré à jamais la construction & la manœuvre d'un vaisseau.

Dans l'hypothèse même que Rome eût stipulé dans ses traités avec Carthage, pour la sûreté de ses navigateurs, sans avoir de navires à elle - même, il serait toujours démontré aux yeux d'une raison éclairée, qu'elle ne tenta pas l'expédition de la Sicile, sans s'être assurée d'une flotte qui protégerait ses conquêtes. D'abord, les Grecs, amis de la République, ensuite Hyeron son allié, lui prêtèrent des vaisseaux construits suivant les principes de l'architecture navale. Cette flotte auxiliaire put vaincre les vents & les vagues, parce qu'elle avait des Phéniciens pour pilotes, & elle put vaincre les Carthaginois parce qu'elle était montée par des Romains.

Enfin, quand on admettrait que la fierté Romaine ne voulut jamais triompher sur

terre & fur mer que par fes forces, il
ferait encore évidemment abfurde, que là
quinquérème Carthaginoife ayant échoué
fur la côte d’Italie, dès l’ouverture de la
première campagne de Sicile, Rome eût
oublié pendant plufieurs années cé navire
pour ne fonger à le faire fervir de modèle de conftruction, qu’au moment précis
où elle rêva qu’elle pouvait arracher à fa
rivale l’empire des mers. C’eft affez pour
mériter l’étonnement des fiècles, de ce
que Rome a fait réellement, afin de fe
rendre la première puiffance du globe,
fans y ajouter les merveilles Orientales
que lui prête le zèle indifcret de fes
Hiftoriens.

Les bornes d’un fage fcepticifme ainfi
pofées, laiffons voguer au gré de Polybe
la flotte de cent voiles qui n’avait coûté ;
dit-on, que deux mois au patriotifme
Romain, pour la manœuvre & la conftruction.

Rome chargea du commandement dé
fa première flotte, un Scipion Afina, l’an-

cêtre du fameux conquérant de Carthage,
& Duillius eut le département de l'armée de terre, qui avait vaincu Hannon
& ruiné Agrigente.

La première tentative de la flotte Romaine ne fut pas heureuse. Scipion s'étant
fié trop légèrement à des traîtres qui pro-
mettaient de lui livrer l'isle Lipare, se
sépara avec dix-sept vaisseaux du reste de
sa flotte, & tomba dans une embuscade
que le Carthaginois lui avoit dressée.
Décidé, malgré la supériorité des ennemis, à vendre chèrement sa vie, on lui
proposa une capitulation honorable; il
se rendit à cet effet, avec son conseil de
guerre, sur la galère de l'Amiral, pour
traiter des conditions; mais à peine fut-
il monté sur le tillac, que par une perfidie digne du Machiavélisme de ces
temps barbares, on se saisit de sa personne,
& on mit ses Officiers dans les fers. L'escadre Romaine sans chef, ne fit alors
qu'une vaine résistance, on s'en rendit
maître, & le Consul, avec tous les pri-

fonniers, furent menés en triomphe à Carthage.

Duillius plus actif, plus éclairé, plus Romain peut-être que fon Collègue, vint prendre le commandement de la flotte, que ce défaftre avait humiliée, & ne tarda pas à réparer fa honte. Il apprit, en arrivant, que le lâche & perfide Amiral s'étant avancé fans ordre avec cinquante vaiffeaux, pour examiner de plus près les manœuvres d'un ennemi que fon orgueil méprifait, avait été furpris, en doublant un cap, & mis en fuite par les Romains, de la manière la plus ignominieufe. Ce fuccès lui perfuada que fes foldats étaient plus confus que découragés ; & malgré l'efclavage d'un Conful, il preffentit la gloire dont il devait fe couvrir à la fin de fa campagne.

Duillius raifonnait l'art de la guerre ; obfervant qu'avec des Matelots peu exercés, il lui était impoffible de lutter long-temps avec avantage contre un ennemi confommé dans l'art de la marine, il fit en forte que le fort des batailles navales dépendit de la valeur plutôt que de la manœuvre. A cet effet, il imagina ou perfectionna une machine propre à accrocher les navires ennemis & à faciliter l'abordage. On conjecture aussi, comme nous l'avons fait entendre ailleurs, qu'on doit au génie de ce premier Archimède, la machine militaire qu'on appelle Eperon ; on donnait ce nom à un bec d'airain hérissé de tridents, d'armes tranchantes & de faulx qu'on plaçait à la proue de son vaisseau, & avec lequel on entr'ouvrait celui qu'on voulait couler à fond. Quand le Consul fut sûr de l'effet de ses machines, il s'approcha des côtes de Myle, & présenta bataille à l'Amiral de Carthage.

Cet Amiral était un Annibal, qui n'était peut-être pas même de la famille du fameux vainqueur de Trasimène & de Cannes. Il avait cent trente vaisseaux à ses ordres, & montait lui-même une galère à sept rangs de rames, qui avait appartenu à Pyrhus. Fier de la supériorité

de ses forces, il s'approche avec une présomption, dont la défaite récente de ses
cinquante vaisseaux n'avait pû le corriger,
& comme s'il s'agissait moins de combattre, que de faire des esclaves.

Cependant, quand les deux flottes furent à la portée du trait, les Carthaginois voyant les machines menaçantes qu'on
avait suspendues à la proue des vaisseaux
ennemis, étonnés d'un spectacle si nouveau pour eux, s'arrêtèrent tout court,
& délibérèrent un moment s'ils brave-
raient un danger inconnu. Bientôt l'ignorance des Romains les rassure, ils s'ébran-
lent, & le combat s'engage.

Les Romains déployèrent, dans cette
journée mémorable, toute la tactique
navale qu'ils venaient de créer ; dès qu'ils
avaient acroché, avec leurs machines, une
galère ennemie, ils montaient à l'assaut,
en se soutenant sur des échelles de corde,
ou bien ils faisaient tomber un pont-levis
qui faisait bascule, & qui facilitait l'abordage. Une galère abordée, était perdue

pour les Carthaginois; car, comme rien ne réſiſtait à la valeur des ſoldats Romains, dès que celui-ci pouvait lutter corps à corps, il était ſûr de la victoire.

Les Carthaginois découragés par cette nouvelle manière de combattre, ne firent qu'une faible réſiſtance. Il y eut cinquante de leurs vaiſſeaux pris ou coulés à fond, du nombre deſquels fut la galère Amirale à ſept rangs de rames. Annibal n'eut que le temps de ſe jetter dans une chaloupe pour ſe dérober à la captivité, ou au naufrage.

Carthage, comme nous l'avons vu dans ſon hiſtoire, avait une politique de Cannibales; elle ordonnait à ſes Généraux de vaincre, & quand ils déſobéiſſaient, elle les envoyait au ſupplice. Annibal craignit que ſa défaite ne lui coûtât la vie; il ſe hâta d'envoyer à ſon Sénat un ami intime qui introduit devant les Magiſtrats, *Citoyens*, leur dit-il, *votre Amiral m'envoie vous conſulter, pour ſavoir s'il doit haſarder une action déciſive contre un Conſul*

qui commande une flotte nombreuse & agguer-
rie. Les Membres de la Compagnie répon-
dirent unanimement qu'il devait livrer le
combat. *Eh bien,* ajouta l'Envoyé, *il*
vient de combattre, & il a été vaincu.
Ce stratagême ingénieux enchaîna la politique féroce du Sénat, il n'osa se con-
damner lui-même, & au retour d'Annibal il se contenta de le destituer; il
est vrai que peu de temps après on reprit
le procès de l'infortuné, & on l'envoya
au supplice.

Cependant la prise ou la destruction de
cinquante vaisseaux, n'avait pas anéantie
la flotte Carthaginoise. Ceux qui restaient
voyant les Romains tranquilles, s'enhar-
dirent & vinrent leur présenter le combat près de l'Archipel de Lipare. Cette
seconde journée ne fut guères moins désastreuse que celle de Myles; on dit que
quatorze navires Carthaginois furent coulés à fond, & qu'on en prit trente-un:
le nombre des soldats passés au fil de
l'épée fut de trois mille, & on en fit

sept mille prisonniers. Dès-lors, Rome domina sur la Méditerranée.

Les suites de la double victoire de Myles & de Lipare, furent importantes pour les Romains; ils firent voile vers la Corse & la firent passer sous le joug, après s'être rendus maîtres d'Alarie, sa Métropole. Delà, ils tournèrent du côté de la Sardaigne, & en deux campagnes ils mirent cette isle sous la domination de la République.

Cependant Carthage humiliée, ne songea point à demander la paix à sa rivale : elle trouva parmi ses hommes de mer, deux Amiraux que l'échaffaut n'effrayait pas, & elle les envoya avec trois cents cinquante vaisseaux de guerre, pour réparer ses défastres. Amilcar & Hannon (c'est le nom de ces Amiraux) firent voile vers la Sicile, & l'empêchèrent de subir le fort de la Corse & de la Sardaigne.

Dans l'intervalle, le Consulat de Duillius avait pris fin, & le vainqueur de Myles

& de Lipari, était venu dans sa patrie
jouir de sa gloire ; ses concitoyens le re-
çurent avec transport ; il était le premier
de leurs Généraux qui eût fait connaître
sur mer la supériorité des armes Romaines ; outre le triomphe fastueux qu'ils lui
décernèrent, il vit ériger dans la place
publique, en vertu d'un Sénatus-Consulte,
une colonne de marbre de Paros, décorée
de proues & d'inscriptions qui marquaient
ses exploits. Ce monument, qui subsiste
encore, est connu sous le nom de colonne
Rostrale. A cette distinction, le triom-
phateur en joignit une autre bien puérile ;
ce fut de se faire reconduire le soir, après
souper, précédé d'un flambeau, & au son
des instrumens. Cet honneur convenait
moins au rival des Cincinnatus & des
Camille, qu'à un Héros du festin de Tri-
malcion.

DÉVOUEMENT DE CALPURNIUS FLAMMA. BATAILLE D'ECNOME.

Tous les Généraux Romains n'étaient pas des Duillius. La septième année de la guerre, le Consul Calatinus, commandant en Sicile, s'engagea témérairement dans un défilé où il se laissa investir par l'armée d'Amilcar. On ne s'apperçut du péril que quand il parut impossible de s'y dérober ; la consternation & la terreur s'emparèrent alors des légions : il n'y avait point de soldats qui ne se rappellât la mémoire des fourches Caudines, & qui ne vît l'opprobre, ou la mort suspendue par un fil, sur sa tête. Les Romains échappèrent à l'un & à l'autre, par le dévouement généreux du Tribun légionaire Calpurnius Flamma. Ce trait, bien supérieur à celui des trois Décius, a bien moins de célébrité dans les annales de la République.

Flamma prend avec lui trois cents guer-

riers d'élite, auxquels il donne fon ame,
les pofte fur une éminence qui dominait
les hauteurs occupées par les Carthaginois,
& dans fon enthoufiafme patriotique: *Mou-
rons, dit-il, mes amis, notre dernier foupir
accompagnera le falut de nos légions.* Amilcar en ce moment enveloppe les Romains,
qui, peu inquiets de perdre la vie, pourvu
qu'ils l'ôtent à un grand nombre d'ennemis, fe battent comme des lions, &
ne tombent que fur des monceaux de
morts qu'ils ont immolés : une mêlée auffi
terrible dura affez de temps pour donner
au Conful celui de faire fortir fon armée
du défilé : c'était l'intention des trois cents
Héros qui fe dévouèrent. Quand ils furent
tous paffés au fil de l'épée, Amilcar alla
à la pourfuite des légions ; mais comme,
avec la liberté de s'étendre dans la plaine,
elles avaient retrouvé toute leur fupériorité, il n'ofa hafarder un combat auffi
inégal, & il fe retira fur les montagnes.

Toute cette aventure de Flamma tient,
à quelques égards, du prodige. On dit

que le lendemain du dévouement du Héros,
il fut trouvé au milieu d'un monceau de
cadavres, tant des ennemis que des siens,
parmi lesquels, seul, il respirait encore.
Son corps était couvert de blessures; mais
quand on vint à les sonder, aucune ne
se trouva mortelle : on l'enlève, on le
panse, &, guéri en peu de temps, il vient
jouir de sa gloire au milieu de sa patrie.

Si dans le beau dévouement des trois
cents compagnons de Flamma, la vanité
Romaine n'a pas copié le trait admirable des trois cents Spartiates des Thermopyles, on ne peut disconvenir, que
soit par la grandeur, soit par la pu-
reté du patriotisme, l'un & l'autre ne
méritent d'être mis en parallèle. Au
reste, si la vertu qui dicta ces sacrifices
sublimes, fut la même chez les Grecs
& chez les Romains, il n'en fut pas ainsi
de la récompense. La générosité de Léo-
nidas, en fit le Héros de la Grèce entière ;
on le proposa pour modèle à tous les
grands-Hommes : il respira dans tous les

monumens publics ; fa mémoire fut con-
facrée par des poëmes , des infcriptions ,
des ftatues & des tableaux. Pour Flamma,
vivant , il n'eut de fes concitoyens qu'une
couronne de gazon , & mort, qu'un éloge
du froid Aulu-Gelle.

Depuis le dévouement de Flamma , il
fe paffa environ deux ans fans que Rome
fît un pas , pour conftater fa fupériorité
fur Carthage. Au bout de cet intervalle ,
le fameux Régulus ayant été fubftitué
dans le Confulat à un Cédicius, qui
était mort dans le cours de fa magiftra-
ture , les affaires de la République prirent
une nouvelle face. Carthage ayant armé
dans tous les ports qu'elle poffédait en
Sicile & en Afrique , pour réparer la
honte de fes anciennes défaites, fa rivale
équipa une flotte , non moins formidable,
& chargea Régulus qui la commandait, de
donner à l'Afrique le fpectacle terrible
d'une feconde defcente d'Agathocle.

Il paraît par les Hiftoriens du fiècle
d'Augufte que la flotte Carthaginoife, dont

Amilcar & Hannon dirigeaient les manœuvres, était de trois cents cinquante vaisseaux, qui portaient environ cent cinquante mille hommes. Quelque prodigieux que nous paraisse cet armement, il n'est peut-être pas impossible, parce que la puissance qui l'ordonna avait encore l'empire des mers; parce que l'Afrique était bordée de ses ports; parce que tous les peuples navigateurs semblaient sous sa dépendance. Il n'est pas étonnant que des causes puissantes produisent de grands résultats en histoire comme en physique; la force du mouvement doit se calculer par la grandeur des leviers.

La flotte Romaine, moins considérable que celle de Carthage, prête bien plus au Scepticisme : elle était composée, suivant Polybe, de trois cents trente vaisseaux de guerre, & comme l'Historien dit expressément que chaque navire avait sur son bord cent vingt soldats & trois cents rameurs, voilà tout d'un coup un armement de près de cent quarante mille

hommes. On ne conçoit pas aisément
comment Rome qui avait une armée en
Sicile & une autre en Italie, put mettre
quarante mille soldats sur la flotte de
Régulus : on comprend encore moins comment cette puissance, qui, au commen-
ment de la guerre punique, ne savait,
dit-on, manœuvrer que sur des radeaux,
put, au bout de sept ans armer, trois cents
trente vaisseaux de guerre & les équiper
de cent mille rameurs. Le sage Polybe, de
qui nous tenons ce fait, ne dissimule pas
que la République, dans le temps où elle
avait subjugué le tiers de notre continent, était à peine en état de faire les
frais d'un pareil armement : si comme nous
l'avons insinué ailleurs, l'Historien de
Régulus a exagéré à dessein, il a eu bien
peu d'idée de la vraie grandeur. Assuré-
ment le Général qui triomphe, n'ayant
pour lui que son génie & un petit nombre de bras, est bien supérieur à celui
qui ne fait qu'écraser son ennemi avec
des masses de cent quarante mille hommes.

Quoi qu'il en foit, la flotte Romaine cingla dans les parages de la Sicile, à la hauteur d'Ecnome, poúr être à portée de l'armée de terre qui devait la protéger, & celle de Carthage qui était devant Lilybée, ne tarda pas à venir à fa rencontre : quand les armées navales furent en préfence, comme elles croyaient avoir toutes deux entre leurs mains la deftinée de leurs Ré-publiques, pleines d'enthoufiafme pour la gloire, elles fe hâtèrent de fe ranger en bataille.

La belle ordonnance de Régulus fut peut-être ce qui détermina fa victoire. Ce grand homme favait bien que le foldat Romain dans la mêlée était fupérieur à celui de Carthage ; mais comme tous les vaiffeaux ne s'abordaient pas, il s'agiffait encore de fuppléer, quant à la manœuvre générale, à ce qui manquait à fes pilotes du côté de l'expérience, & à fes galères par rapport à l'agilité. Après de mures réflexions, il partagea fa flotte en quatre efcadres, dont les deux premières formaient

les deux côtés d'un triangle aigu qui avait
à sa pointe deux galères amirales, à six
rangs de rames, montées par les deux
Consuls, Régulus & Manlius. La troisième escadre, qui s'étendait en largeur
composait la base du triangle, & remor-
quait les vaisseaux de charge, placés derrière, sur une longue ligne. Enfin, la
dernière servait d'arriere garde, & débor-
dait des deux côtés le rang des vaisseaux
de charge. On a beaucoup vanté cet ordre
de bataille, qui n'a jamais eu lieu qu'à
la journée d'Ecnome, & sans doute il
annonce quelque génie, puisque le succès
l'a justifié. .

La flotte de Carthage qui ne devinait
pas la manœuvre des triangles, ou peut-
être qui ne la jugeait que bisarre, se
rangea tout simplement sur une seule
ligne, dont les extrémités se courbaient
en croissant, pour envelopper dans le
besoin la flotte Romaine ; le triangle
de Régulus se mit d'abord en mouvement, & vint fondre sur le corps de ba-

taille de l'armée ennemie, qui n'ayant point de profondeur, fut aisément enfoncé. Amilcar avait prévu cet événement, & en vrai homme de mer, il avait résolu d'en tirer parti pour s'assurer la victoire. Avant l'action, il ordonna aux galères du centre de sa flotte, de ne faire qu'une légère résistance, & de cingler vers la haute mer, comme dans une déroute. Les Romains furent la dupe de ce stratagême; se laissant emporter à leur bravoure, ils poursuivirent avec ardeur les galères fugitives, ce qui sépara les deux côtés du triangle de sa base, & rompit l'ordre de bataille de Régulus. Quand les Romains furent à une certaine distance, le vaisseau d'Amilcar éleva un signal, & à l'instant les Carthaginois faisant volte face, fondirent sur les navires qui les poursuivaient. C'en était fait de la flotte Romaine, si elle n'avait pas été montée par des Héros. Toutes les fois que la lutte n'était qu'entre les vaisseaux, sans que les hommes s'en mêlassent, les Carthaginois, plus expérimentés dans la manœuvre, avaient l'avantage; mais leurs ennemis, qui avaient perfectionné leurs machines meurtrières, ne s'épouvantaient pas; ils accrochaient les galères, & dès qu'ils pouvaient aller à l'abordage, ils rendaient la manœuvre inutile. Tout vaisseau saisi par une machine, était perdu pour les soldats qui le montaient. Comme les Carthaginois, instruits par cette expérience terrible, n'osaient plus approcher les Romains, le plan d'Amilcar fut mal exécuté, & cet Amiral perdit le fruit de son stratagême.

Pendant que la valeur des Romains réparait ainsi d'un côté les fautes de leur inexpérience, Hannon, qui jusqu'à ce moment était resté immobile, vint fondre en queue sur la dernière escadre, tandis qu'un autre corps de son armée navale vint attaquer la ligne qui formait la base du triangle, & à laquelle les vaisseaux de charge étaient remorqués. D'après ces dispositions on voit que la scène du combat se passait en trois endroits différents ; mais par-tout le succès fut le même, grace au génie de Régulus, à la bravoure de ses soldats, & à l'intelligence meurtrière avec laquelle ils firent mouvoir leurs machines.

La déroute des Carthaginois commença par l'escadre d'Amilcar : ce fut Manlius qui en eut la gloire. Ce Consul se réunit ensuite avec son collègue pour envelopper l'ennemi qui pressait vivement la base du triangle, & ils prirent, dit-on, comme d'un coup de filet, cinquante vaisseaux avec tout leur équipage. De ce moment, les galères de Carthage ne songèrent plus à se défendre ; les unes gagnèrent en désordre la haute mer, les autres allèrent se briser contre le rivage.

La journée d'Ecnome coûta aux vaincus quatre-vingt-quatorze vaisseaux, dont soixante-quatre furent pris, & trente coulés à fond. Les vainqueurs en perdirent vingt-quatre, mais pas un seul ne tomba au pouvoir de l'ennemi, & ils furent tous submergés.

Cette victoire rendit la mer libre pour les Romains ; & , réfolus à terminer tout d'un coup la guerre en renverfant Carthage, après avoir paffé quelques jours à Meffine pour radouber leurs vaiffeaux, ils firent voile vers l'Afrique.

Avant le départ de la flotte, Hannon qui voulait temporifer , pour donner à fa patrie le temps de réparer fes défaftres , fe préfenta tout d'un coup devant les Confuls , & vint leur demander la paix. Cette démarche était infiniment hardie. Rome n'avait point oublié , que quelques années auparavant , un Scipion, fous prétexte d'une entrevue , avait été arrêté contre le droit des gens , chargé de chaînes & conduit à Carthage. Déjà, même , on entendait autour du tribunal d'audience , le murmure confus de quelques Tribuns , qui en rappellant la perfidie dont Scipion avait été la victime , prétendaient qu'il fallait la venger fur la perfonne de Hannon. L'Amiral ne fe déconcerta point : *Romains* , dit-il , *ma*

deſtinée eſt entre vos mains ; mais ſi vous
m'arrêtés , vous ne vaudrés pas mieux que
les ennemis de Scipion. Les Conſuls avaient
tous deux de la grandeur d'ame ; incapa-
bles de faire uſage du droit de repréſailles ,
qui n'en eſt un que pour des Cannibales ,
ils impoſèrent ſilence à leurs Tribuns. Sois
tranquille , Hannon , dirent-ils , la bonne
foi de Rome met ta perſonne en ſûreté. Ce
trait vaut peut-être la victoire d'Ecnome,
& ce qui met le comble à la gloire des
Conſuls , c'eſt que croyant n'avoir été
que juſtes , ils ne s'imaginèrent pas en
avoir méritée.

Hannon n'obtint point d'entrer en négociation , parce qu'on ſoupçonna ſon
artifice ; mais on le renvoya libre ſur
les débris de ſa flotte ; enſuite les Romains
cinglèrent vers l'Afrique.

EXPÉDITION DE RÉGULUS EN AFRIQUE.

A l'approche de l'armée Romaine, l'A-frique qui n'avait que des mercenaires pour la défendre, ne fit guères plus de réfiftance qu'elle n'en avait faite un demi fiècle auparavant, lors de la defcente d'Agathocle. Les Confuls s'emparèrent de Clypèa, qui en était le boulevard du côté du promontoire d'Hermès, où ils débar-quèrent ; enfuite ils fe répandirent dans la campagne, qu'ils ravagèrent. Une foule d'édifices magnifiques furent mis en cen-dres ; les moiffons, l'efpérance des culti-vateurs, furent dévaftées, & on fit pri-fonniers vingt mille hommes. C'eft dans cette première campagne, qu'on rompit probablement les chaînes de Scipion; car deux ans après, on le voit reparaître comme Conful, dans les faftes du Ca-pitole.

Dans l'intervalle, Rome qui croyait

avoir befoin d'une partie de fes forces en Italie, eut l'imprudence de divifer l'armée d'Afrique, ce qui retarda la ruine de Carthage.

Manlius fut rappellé par le Sénat avec la plus grande partie de la flotte qui avait vaincu à Ecnome, & on ne laiffa à Régulus pour fubjuguer l'Afrique, que quarante navires, quinze mille hommes de pied & cinq cents chevaux.

Les petites armées conduites par des hommes de génie, font d'ordinaire de grandes chofes. Celle de Régulus foutint d'abord toute fa gloire; elle réduifit fous le joug, un grand nombre de petits peuples qui bordaient l'Afrique, battit des armées nombreufes, qui voulaient oppofer une barrière à fes conquêtes, & menaça de faire le fiège de Carthage.

Dans l'intervalle, l'année du Confulat de Régulus vint à expirer, & le Sénat le prorogea fous le titre de Proconful, dans le commandement de l'armée d'Afrique. Ce grand homme, quand il reçut

le décret qui lui permettait de poursuivre le cours de ses victoires, versa des
larmes sur sa destinée ; il se hâta d'écrire
à Rome pour qu'on lui donnât un suc-
cesseur. Le motif qu'il alléguait pour refuser la nouvelle dignité qu'on lui défé-
rait, peint bien la simplicité sublime de
ses mœurs ; il mandait au Sénat, que le
mercenaire qui faisait valoir les sept arpens de son patrimoine, s'était enfui,
emportant tous ses instrumens de labou-
rage, & que si son champ restait en fri-
che, il serait bientôt hors d'état de nour-
rir sa femme & ses enfans. Ces traits admirables, qui ne sont pas rares dans l'é-
poque où nous sommes, constituent vraiment la grandeur Romaine, & consolent
de temps-en-temps le philosophe, des blessures profondes que la République a faites
à l'espèce humaine, par son machiavélisme & même par ses victoires.

Rome ne gâta point par sa réponse la
simplicité héroïque des mœurs de Régulus ; elle ne s'avisa pas d'envoyer de l'or

à ce grand homme, ou d'échanger contre des terres fastueuses son petit patrimoine. Le Sénat statua seulement, que les sept arpens seraient cultivés aux dépens du trésor public, que les instrumens de labour seraient rachetés, & que la République fournirait à la famille de son Proconsul, tout ce qui serait nécessaire à sa subsistance. Régulus fut plus satisfait d'avoir le peuple Romain pour Fermier, que d'être, par son luxe, le rival des Rois qu'il avait vaincus, & pour remplir l'attente de sa patrie, il se dévoua à la ruine de Carthage.

Le nouveau Proconsul, maître des côtes de l'Afrique, se hâta de pénétrer dans l'intérieur des terres; mais arrivé au bord du fleuve Bagrada, qui coule entre Utique & Carthage, il fut, dit-on, arrêté par un ennemi d'un nouvel ordre, contre lequel toute la valeur Romaine devait échouer.

La grandeur de Régulus n'a pas besoin de merveilles Orientales, pour exciter l'admiration des fiècles, & la raifon éclairée eft bien tentée de mettre dans ce rang, fon combat fi vanté contre le ferpent de Bagrada. Il faudrait même en faire tout d'un coup le pendant de la lutte de la Chimère, contre Bellerophon, fi à l'autorité fufpecte du compilateur Valère-Maxime, ne fe joignait pas celle de Pline, l'hiftorien de la nature.

Quoiqu'il en foit, voici l'anecdote telle qu'elle nous a été tranfmife. Les foldats de Régulus fe préparaient à traverfer le Bagrada, quand un ferpent de cent vingt pieds de long, parut tout d'un coup au bord du rivage, pour leur difputer l'entrée du fleuve. Les plus braves qui voulurent fe mefurer avec lui périrent victimes de leur témérité. Le monftre avalait les uns, étouffait les autres dans fes replis innombrables, & en écrafait le plus grand nombre du poids formidable de fa queue : en vain lançait-on contre lui des traits & des javelines, fes écailles formaient une cuiraffe qui le rendaient invulnérable. Régulus défefpéré de perdre tous fes guerriers d'élite, fit dreffer contre l'énorme reptile, fes baliftes & fes catapultes, & l'affiègea en forme comme une citadelle. Le feu de toutes ces machines de guerre ne firent d'abord aucun effet, mais à la fin, un rocher lancé avec roideur contre le monftre, lui brifa l'épine du dos & l'étendit fur le fable, où des foldats vinrent l'achever. Les légions, quand elles virent de près le carnage que le ferpent avait fait, ne diffimulèrent pas qu'un combat auffi inégal était plus fait pour les intimider, que l'ordre de donner l'affaut à Carthage.

Un ferpent de cent vingt pieds, qu'une armée affiège avec des machines, n'eft guères du monde que nous habitons. Il eft vrai que des Phyficiens à imagination ardente, diront que la nature plus féconde en principes générateurs, pouvait produire il y a deux mille ans, des reptiles de cent vingt pieds fur ce même fol embrâfé de l'Afrique, où à peine en trouverait-on aujourd’hui de cinquante : il eſt vrai auſſi que des ſavans, uniſſant leur ſuffrage à celui des Phyſiciens, mettront l’anecdote du ſerpent de Bagrada, au rang des dogmes hiſtoriques, parce qu’au rapport de Pline, la dépouille de ce monſtre envoyée à Rome par Régulus, fut ſuſpendue à la voûte d’un Temple, & s’y voyait encore au temps de la guerre de Numance.

Régulus, vainqueur d’un ſerpent, marcha avec confiance contre des hommes : il rencontra, non loin d’une fortereſſe d’A-dis, dont il fit le ſiège, une armée Car-thaginoiſe qu’il ſurprit dans ſon camp, & qu’il mit aiſément en déroute; dix-ſept mille hommes périrent dans cette action du côté des vaincus, & on en prit cinq mille, avec douze éléphans. Cette victoire répandit la terreur dans toute l’Afrique, & en peu de temps, quatre-vingt petites places que l’hiſtoire honore du nom de Villes, ſe rendirent aux conquérans. L’im-portante fortereſſe de Tunis, ſubit bien-tôt après le même ſort; alors l’armée

Romaine ne se trouva plus qu'à quelques lieues de Carthage.

Ici Régulus mit, lui-même, un terme au cours de ses exploits; il sentait qu'avec une poignée de Héros, il ne pouvait se soutenir dans un pays ennemi que par des coups d'éclat, & les occasions se présentaient rarement. Il n'osa pas tout ce qu'un Alexandre aurait pu : c'est-à-dire, qu'il n'imagina pas que quinze mille Romains pouvaient entrer l'épée à main dans une Ville qui avait cent mille citoyens timides & consternés, ou plutôt cent mille femmes dans ses remparts. Un peu de vanité, dont l'homme le plus grand a peine à se défendre, ajouta un nouveau prétexte à ce défaut d'audace. Régulus vit que si la campagne traînait encore en longueur, on enverrait pour lui succéder un Général, qui en terminant la guerre, en recueillerait toute la gloire. Rempli de ces idées, quand on vint de Carthage lui demander la paix, il ne parut pas éloigné d'y souscrire; il est vrai que les conditions qu'il dicta étaient si dures, qu'elles révoltèrent les Ambassadeurs. Il ne s'agissait de rien moins que d'évacuer la Sicile & la Sardaigne, de payer les frais de la guerre, de se rendre tributaire de Rome: de n'équiper sur la Méditerranée qu'un seul vaisseau armé en course, & de s'engager à ne faire ni guerre ni alliance sans l'agrément de la République. Les plénipotentiaires de Carthage se récrièrent contre un traité qui anéantissait leur patrie. Régulus répondit fièrement *qu'il fallait vaincre ou savoir se soumettre*, & comme il ne voulut rien changer aux conditions, Carthage, plutôt que de subir ce joug impérieux, préféra de s'ensevelir avec gloire sous ses ruines. Cette résolution généreuse changea tout-à-coup la face de cette guerre mémorable.

Pendant le cours des négociations pour la paix, il était arrivé en Afrique un corps de troupes auxiliaires, commandées par le Lacédémonien Xantippe; c'était un vrai homme de guerre, versé dans tous les myſtères de la Tactique des Grecs, & qui par ſon courage, n'avait point dégénéré des Héros des Thermopyles ; il ſe fit inſtruire de toutes les opérations de la dernière campagne, & vit aiſément que l'incapacité des Généraux vaincus, avait encore plus contribué, que la valeur Romaine, aux déſaſtres de Carthage. Il en parla avec toute la franchiſe Lacédémonienne. Amené enſuite au Sénat, il prouva à la République qu'elle pouvait vaincre, ſi elle ſavait faire uſage de ſes forces : ſon diſcours fut un trait de lumière pour les Magiſtrats de Carthage ; ramenés par leurs déſaſtres multipliés à une ſage défiance de leurs principes militaires, ils ne virent point dans Xantippe un étranger, mais le libérateur de la Nation, & ils lui déférèrent le commandement de l'armée.

Le Lacédémonien répondit à la confiance publique. Il n'avait à ſes ordres que cent éléphans, douze mille hommes de pied & quatre mille chevaux ; mais les manœuvres favantes qu'il fit faire à ce petit nombre de troupes, la difcipline auftère dont il ne lui permit jamais de s'écarter, la belle ordonnance de bataille qu'il lui donna quand il fut en préfence de l'ennemi, tout fit preffentir dans ce nouveau Général, finon le vainqueur, du moins le digne rival de Régulus.

Les Romains ignoraient encore ce qu'étaient des Spartiates, & ils s'effrayèrent peu quand ils furent qu'on envoyait contre eux une armée de feize mille hommes. Régulus leur rappella les fameufes journées de Myle & de Lipare, la facilité avec laquelle ils avaient pris deux cents Villes en Afrique, & mis deux cents mille hommes dans les fers; il écrivit même dans ce temps-là au Sénat de Rome, qu'il tenait les portes de Carthage fermées par la terreur & le défefpoir. Le même efprit de vertige femblait répandu fur le Général & fur les foldats, & ce n'eft pas la première fois que la préfomption a perdu de grands Capitaines; elle eft chez eux le réfultat du fentiment de fes forces, comme dans le vulgaire des guerriers, le réfultat de l'inexpérience.

A cette préfomption, Régulus, (car il ne faut pas plus diffimuler les erreurs des grands-Hommes, que garder un filence perfide fur les monumens de leur gloire) Régulus, dis - je, joignit une faute dans l'art militaire : l'ennemi ayant quatre mille chevaux, tandis que lui - même n'en comptait que trois cents, il femblait naturel qu'il évitât de combattre dans une plaine où cette cavalerie fupérieure pouvait exécuter librement fes manœuvres & l'envelopper ; mais fes anciens triomphes l'avaient ébloui; &, perfuadé qu'il ferait invincible par - tout où il fe rencontrerait en préfence des Carthaginois, il fortit d'un pofte que la nature avait pris plaifir à fortifier , pour ranger fon armée en pleine campagne.

Le combat commença par les éléphans, qui, plus agguerris que ceux des Hannon & des Amilcar, marchèrent contre les rangs

des Romains, sans s'effrayer de leurs cris
& des traits qu'on leur lançait, & mirent
en désordre la première ligne. Le corps
de bataille tint ferme long-temps à cause
de sa profondeur ; mais enveloppé de
tout côté par la cavalerie, il se trouva
à la fin obligé de plier. L'aîle gauche de
Régulus soutint seule l'honneur des armes
Romaines ; elle enfonça le corps des mercenaires qui lui était opposé & le poursuivit jusqu'au camp. A son retour, voyant
la déroute des légions, elle voulut rétablir
l'ordre du combat, mais en vain ; ces
vieilles cohortes accoutumées à vaincre des
Généraux sans expérience & des soldats
sans discipline, éprouvèrent une résistance
jusqu'alors inconnue dans leurs guerres
d'Afrique. Xantippe était par-tout. Son ame
magnanime semblait avoir passé dans celle
de chaque soldat. Les Carthaginois, dont
il avait fait des Spartiates, furent à la
fin complétement vainqueurs. A l'excep-
tion de deux mille Romains, qui se retirèrent dans la forteresse de Clypèa, tout

le reste fut pris ou passé au fil de l'épée. Parmi les prisonniers se trouva Régulus, lui-même. Pour Xantippe, il ne perdit que huit cents hommes de troupes auxiliaires.

On voit par cette révolution subite dans les affaires de Carthage, combien un seul homme influe quelquefois sur la destinée des Etats, & quoiqu'en disent des Philosophes atrabilaires, cet homme tutelaire existe toujours; c'est à ceux qui gouvernent que les peuples doivent s'en prendre, quand il n'est pas employé.

Xantippe entra en triomphe dans la capitale de l'Afrique, traînant à sa suite cinq cents prisonniers Romains, à la tête desquels se trouvait Régulus; mais, comme il est d'usage dans toutes les Républiques, la gloire de ce Héros éveilla l'envie. Carthage ne témoigna à son libérateur, que cette reconnoissance fastueuse qui annonce qu'un bienfait est à charge : elle l'accueillit avec transport quand il parut vainqueur dans ses remparts; mais elle lui ôta son commandement : elle lui fit présent d'une

galère richement décorée ; mais elle desira
qu'il s'en servît pour retourner à Lacédémone. De ce moment, l'homme d'état
pressent que Carthage mérite ses malheurs,
& l'homme sensible les appellerait sur
cette Ville ingrate, s'il savait maudire.

FABLE ROMAINE SUR LE SUPPLICE DE RÉGULUS.

LE fil des évènemens nous entraîne malgré nous , & nous sommes obligés de préfenter de profil dans l'histoire de Rome, un tableau que nous avons préfenté de face dans celle de Carthage.

Régulus, avec les cinq cents infortunés qui avaient furvêcu à leur gloire après le triomphe de Xantippe, fut traîné dans un cachot. De ce moment , ce grand homme est perdu pour Rome & pour l'Univers; du moins Polybe, le feul Hiftorien vraiment judicieux , qui ait mis cet illuftre perfonnage fur la fcène , l'abandonne au moment de fa captivité. Il est probable que le chagrin altéra , dans cet homme fenfible , les principes de la vie; peut-être auffi, que fe croyant un fardeau inutile à la terre, du moment qu'il s'y voyait fans patrie , il chercha à expier, par le fuicide , le crime de n'être pas mort aux yeux de ſes vainqueurs, ſur le champ de bataille.

Mais ce n’eſt pas avec une anecdote auſſi ſimple, que Rome pouvait ſe juſtifier auprès des ſiècles de la perfidie qu’elle mit dans le renverſement de Carthage : elle crut ne pouvoir impoſer ſilence au Philoſophe qui la flétriſſait, qu’en alléguant l’affreux droit de repréſailles ; & d’après ce principe, elle fonda, ſur quelques Romans calomnieux, ſon fameux proverbe de *la foi Punique*, ou de la perfidie Carthaginoiſe ; de ce nombre, eſt la fable ſi connue du ſupplice de Régulus.

Le voyage de ce Héros à Rome, pour négocier, conjointement avec les Ambaſſadeurs de Carthage, l’affaire de l’échange des priſonniers, fut le prétexte de cette ingénieuſe calomnie. S’il en faut croire le crédule Appien, le froid Aulu-Gelle & quelques Poëtes des ſiècles d’Auguſte, Carthage, perſuadée ſur la grande renommée du Général ennemi qu’elle tenait dans ſes fers, que Rome acheterait ſa liberté par celle de tous les prisonniers distingués de l'Afrique, le fit partir pour l'Italie avec des Négociateurs tirés de son Sénat, en lui faisant entendre que sa vie dépendait du traité d'échange. Régulus promit, dit-on, de revenir dans son cachot, si Rome se refusait aux vues de Carthage, & roulant dans sa tête le projet de rendre sa mort aussi utile à ses Concitoyens que l'avaient été ses victoires, il monta sur le navire Africain qui faisait voile vers l'Italie.

Les Carthaginois, à en croire un Sempronius Tuditanus, qui vivait cent trente ans après le Héros de Rome, se munirent de poison en s'embarquant. Ils le firent prendre à Régulus, quand il fut à portée d'appercevoir le Capitole, & ce grand homme portait la mort dans son sein, pendant qu'il haranguait le Sénat pour le déterminer à le renvoyer en Afrique. Comme dans ces temps de barbarie, l'art de nuire avait trouvé des secrets qui échappent aux siècles de lumière, les scélérats

qui avaient apporté le breuvage fatal,
avaient auffi tempéré fon activité de manière qu'il ne devait produire fon effet,
que lorfque l'on aurait confommé l'affaire
de l'échange des captifs. Tout réuffit,
ajoute-t-on, au gré des perfides Ambaffadeurs ; la négociation ayant échoué, le
germe de mort que Régulus portait dans
fon fein, s'annonça par une léthargie ;
les gardes de l'illuftre infortuné l'empêchèrent de fe livrer au fommeil, & il
fuccomba à ce nouveau genre de fupplice.

Le Roman du poifon lent, fi fufpect à
des yeux Phyficiens, a fait peu de fortune
même parmi les Romains ; & tout le
monde croit aujourd'hui que Régulus avait
toute fa tête, quand il eut le courage de
fe dévouer, comme les Décius & les
Flamma, pour une patrie à laquelle il ne
tenait plus que par fa grandeur d'ame.

Régulus arrivé à la vue des remparts
de Rome, fe rappella que la République,
dans des temps plus heureux, ne donnait
point audience dans la ville aux Ambaffa-

deurs des puiſſances ennemies ; il refuſa
de paſſer outre , & le Sénat fut obligé de
venir le trouver. Ce Héros jouiſſait de la
plus haute conſidération dans ſa compagnie : on ſavait que ſon auſtère probité ne
ſe plierait jamais aux circonſtances, & on
oſa le faire juge entre lui & la patrie. Il
n'avait pas beſoin de tant de confiance
pour être généreux. « J'ai perdu, par ma
» captivité, dit-il, le droit de concourir
» ici au bien public par mes lumières. Le
» titre de Romain, qui me rendait ſupé-
» rieur aux Rois que j'ai vaincus, a été
» anéanti le jour où, défait par Xantippe,
» je n'ai pas eu le courage de mourir: mais
» puiſque je tiens encore par quelques
» liens aux hommes, je puis vous répondre
» comme un Citoyen du monde que vous
» conſulteriés dans une cauſe qui lui ferait
» étrangère. Sans préjugés, ſans intérêt, je
» ſuis digne de vous tenir le langage de
» la vérité, comme vous l'êtes de l'en-
» tendre.

» Non , Romains, vous ne devés point

» confentir au traité d'échange. La fleur
» de la nobleffe Carthaginoife eft entre
» vos mains, & le vuide qu'elle laiffe dans
» fa patrie ne fera jamais rempli. Pour
» nos Citoyens épars dans les déferts
» de l'Afrique, vous qui, en qualité de
» Souverains, n'êtes ni leurs pères, ni
» leurs amis, mais leurs juges, qu'im-
» porte à votre fenfibilité, qu'ils expient,
» dans les horreurs d'une lente captivité,
» le crime d'avoir trahi votre efpérance !
» Ne font-ils pas morts à jamais pour
» Rome, puifqu'ils ne peuvent vivre fans
» la faire rougir ? Libres une fois, votre
» juftice ne ferait point fatisfaite ; &
» punir pour punir, il vaut encore mieux
» abandonner le fupplice de ces criminels
» à vos ennemis qu'à vos bourreaux.

» Oui, mes foldats furent criminels,
» ils n'eurent de Romains que le nom :
» eh croyez-vous, fi vous les rachetés,
» qu'ils deviennent des Héros avec l'or
» de leur rançon ? Non, ce ferait ajouter
» la dégradation du tréfor public à la perte

» de votre gloire ; votre or rachetera des
» efclaves, & non des hommes : vous
» perdrés le prix de la rançon, & l'igno-
» minie vous reftera.

» Pour moi, courbé fous le poids de
» la vieilleffe, & miné lentement par mes
» remords, je vais à Carthage achever
» de mourir. Trop heureux que ma patrie
» (à laquelle j'ofe encore donner ce nom)
» ne dévoue pas ma mémoire à l'opprobre,
» & qu'elle oublie les années de ma vie,
» où j'ai été indigne de fes regards, en
» faveur de celles où j'ai rempli une partie
» de fes efpérances. »

Un tel dévouement parut admirable,
même à des Républicains, accoutumés au
fpectacle des grands facrifices ; il y eut
un grand nombre de Sénateurs qui furent
d'avis de ne point acheter le malheur in-
certain d'une ville rivale au prix de la
mort de ce grand homme. Le grand Pon-
rife alla même jufqu'à affurer qu'il pouvait, fans fe parjurer, manquerà la parole
qu'il avait donnée aux Carthaginois. Ré-

gulus avait une religion plus pure que celle des Prêtres. « Non, dit-il, la pof-
» térité pourra me reprocher ma défaite,
» mais non l'opprobre de ma vie. J'ai
» juré, par la majefté des Dieux, que je
» retournerai à Carthage, s'il n'y avait
» point de traité d'échange; & ces Dieux
» qui ont été témoins de mes fermens,
» ne le feront point de mon parjure. Les
» Dieux ne font point de vains phantômes,
» on ne les offenfe point impunément;
» & quand on leur a fait injure, on ne
» les appaife point, en couvrant leurs
» autels d'offrandes, ou en leur immolant
» des hécatombes. »

Le Sénat frémit de voir Régulus réfuter fi bien le fophifme du grand Pontife, fes Membres adhérèrent, en pleurant, à l'avis du Héros; l'arrêt contre le traité d'échange fut prononcé, & on renvoya les Ambaffadeurs avec leur illuftre prifonnier en Afrique.

Le beau rôle de Régulus ne touchait pas encore à fon dévouement. Une femme tendre & fenfible, des enfans que fon départ allait laiffer orphelins, l'attendaient au fortir du Sénat. A peine parut-il fur le veftibule, qu'il vit fes fils éplorés l'entrelaffer de leurs bras, & lui demander leur vie plutôt que la fienne, tandis que leur mere, à genoux, épuifait toute l'éloquence du fentiment pour le diffuader de retourner à Carthage. Régulus n'avoit befoin que d'un mot pour faire une foule d'heureux ; mais ce mot lui femblait vil, & il ne le prononça pas ; il repouffa des embraffemens qui le faifaient rougir, (*a*) fe confondit avec la fuite obfcure des Ambaffadeurs, & prit avec eux la route de Carthage.

(*a*) Quel tableau pittorefque que celui qui fort des pinceaux d'Horace, & combien il perdrait, fi on lui ôtait fes couleurs originales !

Fertur pudicæ conjugis ofculum
Parvos que natos, ut capitis minor,
A fe removiffe, & virilem
Torvus humi pofuiffe vultum, &c.

Il ferait trifte pour la mémoire de Régulus, que toute l'anecdote de cette ambaffade, où le caractère du Héros eft fi bien confervé, ne fût qu'un jeu de l'imagination Romaine : mais fi le voyage & la harangue de ce perfonnage illuftre peuvent trouver grace auprès du fcepticifme, il n'en eft pas de même de fa mort, que chaque Hiftorien, en contradiction avec les autres, fous prétexte de patriotifme, a arrangée au gré de fa crédulité.

Tuditanus, comme nous l'avons vu, faifait mourir Régulus de poifon & d'infommie. Tuberon, contemporain de Céfar, ne trouvant pas ce dénouement de tragédie affez merveilleux, emmene fa victime en Afrique, & fuppofe que la férocité Carthaginoife lui fit fubir toutes les agonies du trépas le plus lent & le plus douloureux. A le croire, à peine le Héros fut-il entré dans la Ville, qu'on le renferma dans un cachot fermé de toutes parts à la lumière ; on fe plut enfuite à l'en tirer fubitement pour l'ex-

poſer à tous les feux du ſoleil des tro-
piques. Comme les Cannibales qui le tour-
mentaient, étaient très - ingénieux dans
leurs barbaries, ils eurent ſoin, après
quelques eſſais, de coudre ſes paupières
à la chair, pour que leur mouvement
ne détournât pas les traits de feu qui
venaient l'embrâſer. Un tel ſupplice aveugle un homme, mais ne le tue pas. Tuberon a oublié de nous apprendre par
quelle progreſſion de peines, les Carthaginois, après avoir fait perdre la vue au
Héros de Rome, lui firent perdre la vie.

La tradition la plus ſuivie parmi les
Poëtes, (qui ne devraient pas être des guides
pour l'Hiſtoire) eſt celle d'Appien, qui
a tant pillé, ſans les citer, Plutarque &
Polybe : à en croire cet Ecrivain, Carthage
fit renfermer Régulus dans un tonneau
hériſſé de pointes, & l'y laiſſa juſqu'à ce
qu'il perdît la vie. Cette fable peu-à-peu
a envahi la croyance des ſiècles, & aujourd'hui le tonneau de Régulus eſt auſſi
célèbre que celui de Diogène.

La suite de ce conte ne fait pas honneur à la générosité Romaine. Le Sénat, dit-on, ne tarda pas à apprendre la fatale destinée de son Héros, & ne connoissant d'autre justice d'état à état, que l'affreux droit de représailles, il abandonna Bostar & Amilcar, deux des Généraux de Carthage, à la vengeance de l'épouse & des filles de Régulus. Ces pieuses furies les enfermèrent à leur tour dans un tonneau hérissé de pointes, qu'elles se firent un jeu de rouler aux yeux du peuple. Bostar mourut au bout de cinq jours : Amilcar, dont le tempérament était plus vigoureux, se soutint cinq autres jours à côté du cadavre de son ami, grace à quelques alimens qu'on lui fournit pour prolonger son supplice, & ce ne fut que quand cette vengeance des Atrée fut consommée, que le Sénat fit ouvrir le tonneau pour envoyer les cendres des deux infortunés à Carthage.

Heureusement pour la mémoire des deux Républiques, tout cela est plus que suspeɛt. Les contrádiɛtions évidentes des trois Hiſtoriens que nous venons d'analyſer, le démenti que leur donne Diodore, le ſilence de Polybe ſur un fait qui entrait naturellement dans ſon ouvrage, tout annonce qu'on en a impoſé à la crédulité des ſiècles, ſoit dans le ſupplice de Régulus, ſoit dans ſa vengeance.

CAMPAGNE EN SICILE ET EN AFRIQUE. BATAILLE DE PANORME.

LA victoire de Xantippe, & la captivité de Régulus, rendirent à Carthage fa prépondérance. Toutes les Villes qui avaient fubi le joug des Romains, les abandonnèrent quand ils ne furent plus à portée de les protéger. Clypèa feule, qui avait pour garnifon les deux mille foldats échappés à la défaite de Régulus, tint ferme & ne fe laiffa pas entraîner au torrent. Pendant qu'une armée Carthaginoife en faifait le fiège, une autre commandée par Amilcar, parcourait la Numidie & la Mauritanie, & tirait d'énormes contributions des peuples qui s'étaient révoltés. L'Hiftoire fait mention de vingt mille bœufs & de mille talens (plus de cinq millions quatre cents mille livres) qu'il fe fit donner pour foutenir le fardeau de la guerre. Non content de ces exactions, le féroce Général fit attacher au gibet trois mille hommes qu'il soupçonnait d'intelligence avec les Romains; cette froide & inutile barbarie, rendit le gouvernement Carthaginois plus que jamais odieux dans toute l'Afrique.

Rome, de son côté, ne s'abandonnait pas à une terreur pusillanime, indigne de ses hautes destinées. Le désastre qu'elle venait d'essuyer ne lui ôta rien de son activité guerrière. Cette puissance qui faisait des vaisseaux de guerre aussi aisément que l'antique Deucalion faisait des hommes, mit en mer, dès la campagne suivante, une flotte de trois cents soixante voiles : on s'apperçut bientôt à Carthage que Xantippe lui manquait : car son armée navale ayant rencontré celle des Romains à la hauteur du promontoire d'Hermès, elle y essuya la défaite la plus ignominieuse; quinze mille soldats y périrent, & elle perdit cent trente-quatre vaisseaux, dont cent quatre furent coulés à fond;

tandis qu'on ne fubmergea aux Romains
que neuf galères qui portaient onze cents
foldats. La fortune ne fut pas moins
favorable fur terre que fur mer aux vengeurs de Régulus ; car deux Généraux
du nom de Hannon ayant voulu s'oppofer à leur defcente, furent vaincus fous les
murs de Clypèa, & perdirent neuf mille
hommes.

La grande ame de Régulus ne vivifiait point l'armée Romaine, & ces deux
victoires furent perdues pour la République. Les Confuls, loin de fonger au fiège
de Carthage, pour anéantir tout d'un coup
ce coloffe en abattant fa tête, retirèrent la
garnifon de Clypèa, abandonnèrent l'A-
frique à fa deftinée, & portèrent le théatre
de la guerre en Sicile.

Les erreurs en politique, quand elles
ne font pas punies par les hommes, le
font quelquefois par les évènemens. Les
Confuls ayant ofé riquer leur flotte en
pleine mer, dans une faifon féconde en
orages, furent accueillis d'une terrible

tempête, & firent une fi mauvaife manœuvre, que fur trois cents foixante vaiffeaux, il ne s'en fauva que quatre-vingt :
les journées de Myle & de Lipare avaient
à peine été auffi défaftreufes pour les Carthaginois. Cette tempête mit de niveau
les vaincus & les vainqueurs.

Les Carthaginois, inftruits des pertes
de Rome, fe réunirent aux vents & aux
vagues pour les accabler, & defcendant
en Sicile, ils affiégèrent Agrigente, la prirent & la renversèrent. Peu-à-peu l'ifle
aurait paffé en leur pouvoir, fi des légions
nouvelles, commandées par Scipion, n'a-
vaient maintenu la foi chancelante des
peuples foumis à la domination Romaine. Ce Scipion était un exemple mémorable des viciffitudes humaines ; c'eft
le même que nous avons vu au commencement de la guerre dépouillé de la pourpre
confulaire, pour être jetté dans un cachot
de Carthage, & qui aujourd'hui fort de
fon cachot pour être rendu de nouveau
à la pourpre Confulaire. Il parut en Sicile

faifant marcher du même front le patriotifme & la vengeance, & s'empara de Panorme, le chef-lieu des conquêtes de Carthage. Quatorze mille citoyens furent
obligés de fe racheter à prix d'or des
violences du foldat, & le peuple, au
nombre de treize mille têtes, fut vendu,
foit aux Siciliens, foit aux barbares, en
qualité d'efclaves.

Dans les expéditions qui fuivirent,
les fuccès furent partagés ; on donnait des
batailles fanglantes fur mer, qui n'en
procuraient point l'empire ; on prenait
des Villes pour les rendre; en attendant
le fang humain coulait à grands flots, &
ce fang précieux était inutile pour la fûreté de la patrie, & fouvent même pour
fa gloire.

Rome, alors, était à peine relevée de
la perte des deux cents quatre-vingt vaiffeaux que la mer lui avait engloutis près
des côtes d'Afrique ; l'année qui fuivit la
prife de Panorme, ayant ofé mettre en
mer une nouvelle flotte, une autre tem-

pête l'accueillit vers le cap de Palinure,
& luï submergea encore cent cinquante
galères. Ce nouveau désastre allarma la
superstition Romaine. Les Augures, qui
grace à la barbarie du siècle, avaient du
crédit dans les grands dangers de la patrie, déclarèrent que le ciel ne voulait
pas que la République eût l'empire des
mers; & le Sénat, qui pour le moment
se voyait sans argent & sans matelots,
feignant d'adhérer à l'oracle, borna toute
les forces maritimes de l'état à une escadre de soixante voiles, qui veillerait à
la sûreté des côtés de l'Italie.

Si la superstition augurale avait ainsi
tenu enchaînée long-temps la valeur Romaine, ç'en était fait de ses hautes destinées; & Carthage, souveraine des mers,
prenait la place de sa rivale dans la Monarchie du globe. Heureusement le Sénat
qui n'avait cédé aux Prêtres, que pour
couvrir son impuissance, dès qu'il vit de
l'argent dans le trésor public, acheta des
matelots, & revivifia sa marine.

Cependant la prise de Panorme avait tiré les Carthaginois de leur léthargie. Asdrubal eut ordre de venir, avec une armée plus nombreuse que redoutable, arrêter les progrès des Romains ; il partit de Lilybée, & vint présenter bataille au Proconsul Metellus, qui campait sous les murs de sa nouvelle conquête. Asdrubal, expérimenté d'ailleurs, eut la faiblesse de mépriser un ennemi qui feignait de le craindre ; il perdit les avantages de son poste, & en fut bientôt la victime.

L'action commença par les éléphans. Les soldats, armés à la légère, qui avaient eu ordre de les effaroucher, se débandèrent à dessein, & se laissèrent poursuivre jusqu'aux pieds des remparts. Alors ils firent volte-face, & attaquèrent, la javeline en main, ces animaux terribles, tandis que la garnison faisait pleuvoir sur eux une grêle de traits des bords du fossé & du haut des murailles. Le stratagême de Metellus surpassa son attente. Les éléphans, couverts de blessures, se tournent

contre les Carthaginois, renverfent leurs
rangs, & écrafent tout ce qu'ils rencon-
trent. Le Proconful n'attendait que ce
fignal pour donner l'effor à la vive ardeur
de fes légions. Les Romains fondirent fur
un ennemi effrayé & à demi vaincu, &
le mirent aifément en déroute ; dès-lors,
la mêlée ceffa, pour faire place au plus
affreux carnage.

Une flotte Carthaginoife croifait en
ce moment dans ces parages, & au lieu
d'être de quelque fecours à l'armée vaincue, elle fut pour elle l'occafion d'une
nouvelle difgrace. Les foldats d'Amilcar
coururent avec trop de précipitation vers
cette flotte, comme vers leur unique
afyle, & s'embarraffèrent dans leur
fuite : les uns furent écrâfés par les éléphans, les autres paffés au fil de l'épée
par les Romains qui les pourfuivaient,
& un grand nombre noyé dans la mer,
en voulant atteindre, à la nâge, les
vaiffeaux.

Cette journée de Panorme coûta à

Carthage tous ſes éléphans, une partie de ſa flotte, & vingt mille hommes; elle ne ſut s'en venger qu'en envoyant Aſ-drubal au ſupplice.

Derniers évènemens de la guerre Punique. Siége de Lilybée. Batailles de Drépane et des isles Egates. Paix entre Rome et Carthage.

A la fin de la première guerre punique, le théatre des combats fut presque toujours en Sicile. Les Romains y assiégèrent Lilybée, le centre de la puissance Carthaginoise, & ce siège dura dix ans, comme celui de Troye.

Imilcon qui commandait dans la place avec une garnison de dix mille hommes, déploya un génie supérieur dans sa défense ; il ne lui manqua que le talent d'Archimède dans l'art des machines, pour égaler en renommée ce Héros de Syracuse. Il fit des sorties heureuses, brûlant les tours meurtrières destinées à battre ses remparts, s'occupant à relever la nuit les brèches faites pendant le jour, opposant aux galeries des

Ingénieurs, des contremines, & laſſa tellement la conſtance Romaine, que les Conſuls furent obligés à la fin de convertir le
ſiège en blocus. Annibal (qui n'eſt pas le
vainqueur de Cannes) croiſait alors aux
environs de la place : il ſeconda avec zèle
Imilcon ; profitant d'un vent favorable ,
il eut l'audace de paſſer , avec cinquante
vaiſſeaux , au travers de la flotte des aſſié-
geans , & entra en triomphe dans Lilybée,
avec des vivres , des munitions & un ren-
fort de dix mille hommes.

Les Romains qui avaient perdu leur
aſcendant ſur les Carthaginois dans les
ſièges , voulurent le reprendre dans leurs
expéditions navales , & ils furent encore
trompés dans leur attente. Clodius Pul-
cher était alors le premier de leurs Conſuls. Ce Patricien, qui n'offrait pour titres
militaires que ſes titres de nobleſſe , après
avoir tenté vainement de fermer , avec un
môle , l'entrée du port de Lilybée , vint
avec deux cents vaiſſeaux qui renfermaient
l'élite de ſes légions , chercher la flotte

d'Adherbal devant Drépane. La manœuvre qu'il fit faire à ſes navires, annonçait la plus grande inexpérience; il y joignit un trait d'irréligion qui, dans un
guerrier tel que Céſar, n'aurait annoncé
que de la Philoſophie, mais qui dans le
Conſul préſomptueux, déſignait l'orgüeil
d'un homme petit & faible, qui, malgré
le ciel & les hommes, veut ſe ſuffire à
lui-même. Les Soldats effrayés du danger
où on les expoſait, étaient venus dire à
Clodius que les poulets ſacrés ne mangeaient pas. *Eh bien, qu'on les faſſe boire*,
répondit le Conſul; & il ordonna qu'on
les jettât à la mer. Ce mépris d'un culte
abſurde, mais reſpecté, acheva d'ôter aux
Romains tout eſpoir de la victoire.

L'aîle droite de Clodius s'était malheureuſement engagée dans le port pour bloquer Adherbal. L'Amiral Carthaginois
ayant trouvé le moyen de faire filer ſa
flotte derrière des rochers pour gagner la
haute mer, le Romain, qui vit ſon ſtratagême inutile, fit revirer ſes vaiſſeaux de

bord pour leur faire rejoindre le gros de son armée navale ; mais l'ordre ayant été exécuté sans intelligence , les galères se heurtèrent les unes contre les autres, & se mirent elles - mêmes hors de combat. Le reste de là flotte ne fut pas plus heureux ; obligé par le vent, qui contrariait tous ses mouvemens, de se ranger le long de la côte, il s'embarrassa dans ses propres manœuvres, tandis qu'Adherbal qui avait la haute mer pour se mouvoir, ne faisait aucune attaque fausse, & combattait avec d'autant plus d'avantage, que ses bâtimens, plus légers, étaient conduits par des Pilotes qui avaient plus d'expérience. La déroute de Clodius fut entière ; il perdit quatre-vingt-treize vaisseaux de sa flotte. Huit mille de ses légionnaires périrent dans le combat, & vingt mille, tant soldats que matelots, furent faits prisonniers & envoyés à Carthage.

La défaite ignominieuse de Drépane, fit rappeller Clodius à Rome ; mais son Collègue Junius ne fut pas plus heureux dans ſes entrepriſes : il était entré, grace à des intelligences ſecrettes, dans Eryx, & ſon armée, diviſée en deux corps, occupait le ſommet & le pied de la montagne, au milieu de laquelle la ville était ſituée. Amilcar Barca, le père du grand Annibal, trouva le moyen de pénétrer dans Eryx, malgré les deux diviſions Romaines. Là, tout-à-la-fois aſſiégé & aſſiégeant, il tint, pendant deux années, l'ennemi en échec, ſans lui laiſſer prendre le plus léger avantage. Une pareille manœuvre annonçait plus de talens, peut-être, que la plus brillante des victoires.

Pour comble d'infortune, les Romains ayant eu l'imprudence de laiſſer deux de leurs flottes à la hauteur du promontoire Pachyn, & du côté qui eſt ſans ceſſe battu par les vents, y furent aſſaillis d'un ouragan ſi terrible, que, s'il en faut croire Diodore, il ne ſe ſauva que deux vaiſſeaux, dont le Conſul ſe ſervit pour recueillir les infortunés qui avaient fait naufrage. Parmi les galères fracaſſées, il

n'y eut pas, ajoute-t-on, une seule planche
dont les conſtructeurs puſſent faire uſage.
Tous ces déſaſtres cauſés par les tempêtes,
dans une mer que nos navigateurs traver-
ſent aujourd'hui ſans danger, annoncent
à la fois la faibleſſe des bâtimens de Rome
& le peu d'intelligence de ſes Pilotes dans
l'aſtronomie Nautique. Ses flottes ne lui
faiſaient gagner des victoires que quand,
par le moyen de l'abordage, elles rame-
naient ſur mer les combats de terre; mais
comme la valeur Romaine ne pouvait
rien contre les vents, il n'y avait guères
pour elles d'ouragan ſans naufrage.

C'était à Lutatius Catulus qu'il était
réſervé de réparer les déſaſtres cauſés, ſoit
par l'inexpérience des Amiraux, ſoit par
les tempêtes : ce Conſul fut nommé ſous
d'heureux auſpices; jamais le patriotiſme
n'avait plus éclaté dans Rome, qu'à cette
époque : comme l'argent manquait au
tréſor public, des citoyens généreux y
ſuppléèrent; on les vit conſacrer à l'envi,
à l'équipement d'une flotte, les ſommes

que dans les Monarchies de l'Orient , des esclaves titrés auraient fait servir à un luxe faftueux. Deux cents galères à cinq rangs de rames , fortirent tout d'un coup des arfenaux , & comme on les avait conftruites fur le modèle d'une quinquérème Phénicienne , elles égalaient les meilleurs navires Carthaginois , en force & en légèreté. On ne rencontre guères ces traits admirables que chez les peuples où le citoyen a part au pouvoir fuprême , c'eft-à-dire , dans les Républiques.

Lutatius n'était pas encore guéri d'une bleffure qu'il avait reçue au fiège de Drépane , quand il vint chercher Hannon, l'Amiral de Carthage , devant les ifles Egates : il avait le défavantage du vent , mais il fe fiait fur la bonté de fes navires montés par des foldats d'élite, & exercés à la manœuvre. Par-tout où les Romains abordèrent les Carthaginois, ils furent vainqueurs , & ils abordèrent de toutes parts. Cinquante vaiffeaux de Hannon furent fubmergés , & foixante-dix pris avec tout l'équipage ; suivant une tradition, Lutatius ne fit que dix-mille prisonniers, & suivant une autre, il y en eut trente-deux mille. Un météore avait brillé dès le commencement du combat dans les airs, & par la bizarrerie de sa configuration, avait paru présenter une pointe menaçante aux Carthaginois. La superstition du temps ne manqua pas de dire que la défaite de Hannon était écrite par les Dieux dans ce phénomène.

Lutatius, maître de la mer, fit débarquer ses troupes, alla chercher à Eryx, le Général Amilcar, le défit, sans le secours d'aucun météore, & lui tua deux mille hommes.

Ce double désastre abattit Carthage : faible à la fois & féroce, après avoir envoyé Hannon au supplice, elle fit demander la paix à sa rivale.

Amilcar Barca, le père du grand Annibal, fut nommé Plénipotentiaire, pour traiter avec le vainqueur des isles Egates.

Ce dernier qui voyait fon Confulat fur le point d'expirer, ne voulut point que des fucceffeurs qui ne fauraient que négocier, euffent la gloire de terminer une guerre dont l'iffue brillante était due à fes victoires ; & il ne montra point en traitant, l'inflexible dureté de Régulus. Il fut décidé que Carthage abandonnerait à fes vainqueurs Lylibée, Drépane, & toutes les places qu'elle poffédait en Sicile, qu'elle évacuerait les ifles de la Méditerranée, fituées entre l'Italie & l'Afrique, qu'elle ne commettrait aucune hoftilité contre Hyéron, Roi de Syracufe, qu'elle rendrait fans rançon tous les prifonniers, & qu'elle payerait en dix ans, pour les frais de la guerre, trois mille deux cents talens, fomme qui répond à plus de dix-fept millions de notre monnaie. A ces conditions ignominieufes, on lui permit de fe dire fouveraine en Afrique.

TABLEAU POLITIQUE DE ROME ET DE CARTHAGE A LA FIN DE LA PREMIÈRE GUERRE PUNIQUE.

Ainsi se termina cette guerre mémorable qui avait duré vingt-quatre ans, sans aucune interruption : on peut juger des désastres qu'y essuya Carthage, par les pertes de ses vainqueurs. Polybe dit que, pendant cet intervalle, les Romains perdirent sept cents vaisseaux de guerre qui furent coulés à fond par l'ennemi, ou qui firent naufrage ; on ne compte pas les bâtimens de charge, & il fallait que la mer en eût englouti une quantité innombrable dans ses abymes, puisqu'en un seul jour, l'imprudence du Consul Junius en fit perdre huit cents. Le nombre des morts n'a pas été calculé : on sait seulement que l'armée de Régulus, à deux mille hommes près, périt toute entière en Afrique. La défaite de Clodius causa le massacre ou le naufrage de plus de huit mille soldats : les seuls blocus de Lilybée & d'Agrigente, coûtèrent la vie à soixante mille assiégeans. Si l'on réunit dans ces vingt-quatre ans toutes les victimes de la guerre, de la peste, de la famine, & des naufrages, l'énumération la plus modérée de la plume la plus impartiale, doit faire monter cette effroyable boucherie au moins à cinq cents mille hommes du côté de Rome & de ses alliés, & à un million de celui de Carthage & des Colonies de la Sicile & de l'Afrique ; ce qui, quoiqu'en disent les Admirateurs des vertus guerrières, est une grande blessure faite à l'espèce humaine.

Observons que la perte de ces quinze cents mille hommes ne décida rien entre les deux Républiques. Elles employèrent proprement la première guerre punique, à mesurer leurs forces & à se défier ; la seconde fut celle ou elles descendirent véritablement dans l'arène, pour combattre, & ce ne fut qu'à la troisième que l'une des deux fut terrassée.

La position respective des deux puissances, après la paix de Lutatius, mérite
quelques coups de crayon de la part de
l'Historien des Hommes.

Quoique la première guerre punique ait
paru infiniment ruineuse pour Carthage,
ainsi que nous l'avons remarqué dans son
histoire, & que le traité qui l'a terminée
l'ait couverte d'ignominie, cependant la
plaie que tant de désastres firent à l'État,
fut bien moins profonde qu'on ne l'imagine. Le fisc public fut appauvri sans doute;
mais les mines de l'Espagne, les expéditions secrettes des navigateurs, les contributions des colonies l'eurent bientôt ré-
tabli. Des flottes nombreuses disparurent
au sein des mers : mais avec des bois de
construction, des artistes consommés dans
l'architecture navale, & un peuple où
tout le monde naissait matelot, ces
désastres furent bientôt réparés. Quant à
la perte des hommes, comme Carthage
n'employait guères que des mercenaires,
elle se trouvait moins écrasée par ses

défaites, que sa rivale par ses victoires.

Carthage fut si peu anéantie par la guerre la plus féconde en désastres, qu'on la voit, bientôt après, porter ses armes victorieuses en Espagne : ensuite, quand elle trouvera un homme de génie fait pour lui apprendre le secret de ses forces, elle descendra en Italie, & punira Rome de l'avoir humiliée. La politique est ici éclairée par la chronologie; car il ne s'est pas écoulé dix années entre la paix de Lutatius & les conquêtes d'Amilcar, le long des rivages de l'Hèbre ; & ce fut la vingt-troisième après cette paix ignominieuse, que Sagonte fut prise par le grand Annibal.

Le tableau de Rome, à cette époque mémorable de la paix donnée par le vainqueur des isles Egates, ne mérite pas moins de fixer les regards de l'observateur philosophe.

D'abord Rome ne fit la paix qu'après la victoire. C'est la politique naturelle de tout état militaire : quand on ne fait la guerre que pour conquérir; il ne faut donner d'autre paix que celle qui peut assurer ses conquêtes.

Rome en triomphant d'un peuple qui avait l'empire des mers, elle qui au commencement de la guerre ne formait ses flottes qu'avec des radeaux, apprit qu'avec du patriotisme, de la constance & de la bravoure, on peut exécuter tout, quand on peut tout oser. Dès-lors, elle vit que son génie doublait ses ressources; & plus forte elle seule que chaque puissance qui toucherait à ses possessions, elle put se flatter d'en reculer peu-à-peu les limites, jusqu'à ce que ses guerriers victorieux atteignissent les extrêmités du globe.

La première guerre punique instruisit Rome d'une grande vérité politique, c'est que tout Etat qui est parvenu à un certain période d'aggrandissement, ayant ses extrêmités trop éloignées du centre d'activité, perd en intensité de force, ce qu'elle gagne en surface: dès-lors, si elle ne trouve pas un ressort nouveau pour se remonter, elle perd ses droits à la Monarchie universelle.

Ce ressort nouveau est l'argent. Rome jusqu'à la première guerre punique, avait vaincu les peuples d'Italie, avec sa constance & sa pauvreté. Les expéditions de Sicile & d'Afrique, en l'obligeant à acheter des bois de construction, à avoir des matelots étrangers à sa solde, lui firent sentir que l'or est le nerf de tout État, qui par son étendue ne peut plus se suffire à lui-même ; & que dans les querelles des grandes puissances, celle dont le trésor à la fin de la guerre est le moins épuisé, donne infailliblement la loi à ses rivales.

L'or une fois devenu le mobile de Rome République, ses citoyens cherchèrent, chacun à part, à l'accumuler ; ils osèrent être riches, non pour la patrie, mais pour eux-mêmes ; cette cupidité, toujours plus impunie à mesure qu'elle était plus récompensée par les Magistratures, relâcha tous les liens du patriotisme : les mœurs & les vertus disparurent, & l'État déchiré par les factions, fut au premier brigand heureux, qui eut l'audace de l'acheter.

La corruption nationale était née de la corruption individuelle. Dès qu'une fois le Patricien qui avait de l'or, avait pu donner des loix à l'homme nouveau qui n'avait que des vertus, l'État, riche des dépouilles des Nations, se reposant sur ses palmes triomphales, comme l'Hercule du Belvedère sur sa massue, avait mieux aimé s'aggrandir par son machiavélisme que par ses victoires. Si quelquefois, rappellant la valeur de ses héros primitifs, il avait paru se relever, ce n'avait été que par des mouvemens convulsifs ; & quand ses principes de vie furent totalement épuisés, il retomba pour ne se relever jamais.

Mais il nous reste encore un grand intervalle à parcourir avant d'arriver de l'âge de maturité de Rome à celui de sa décadence ; il faut voir maintenant comment, sortie une fois des bornes de sa péninfule , elle fe créa contre les puiffances de l'Afie & de l'Afrique, une politique nouvelle qu'elle ne foupçonnait pas, quand elle n'avait que de petits intérêts à démêler avec les puiffances de l'Italie. Il faut l'obferver quand elle fait marcher de front, pour affurer fes ufurpations , l'or de fes publicains & la valeur de fes foldats : il faut fur-tout contempler la gradation ingénieufe avec laquelle elle enchaîne d'abord les petits peuples, en paroiffant les protéger ; enfuite elle fait fervir les petits peuples à lui fubjuguer les grands , jufqu'à ce que le monde étonné fe trouve, fans y penfer , fous fon pouvoir.

Comme nous avançons à grands pas vers les fiècles de lumières , les époques de tous les évènemens mémorables vont devenir aifées à fixer : celle qui vient d'occuper nos crayons, la première guerre punique , n'offre en particulier aucuns nuages chronologiques. Tous les Hiftoriens s'accordent fur l'origine & fur le terme de cette guerre mémorable : elle commença la première année de la cent vingt-neuvième Olympiade, pendant l'archontat de ce Diognète, sous lequel fut composée la fameuse chronique de Paros. Il y avait alors soixante-quatre ans que les Monarchies de Perse & d'Egypte avaient passé sous le joug d'Alexandre.

Il faut donc compter 2044 ans depuis la première année de cette guerre punique, & seulement 2021, depuis que la victoire des isles Egates rétablit la paix entre Rome & Carthage.

GUERRES AVEC L'ILLYRIE ET LA GAULE. TABLEAU DES FORCES ROMAINES.

LA Sicile, par la paix de Lutatius, devint presque toute entière province Romaine; il n'y avait d'indépendant dans l'isle, que le petit Royaume de Syracuse qui devait vingt-sept ans après subir le même joug, malgré les droits que les services d'Hyéron lui donnaient à la reconnoissance Romaine, malgré la diversion puissante, produite par les victoires d'Annibal, &, ce qui doit nous étonner davantage, malgré le génie d'Archimède.

Quoique le traité de Lutatius, donnât à Rome toutes les isles qui sont entre l'Italie & l'Afrique, la Sardaigne, comme Polybe le fait entendre, n'était point compromise dans ce démembrement. Cependant, cette région, par sa position entre les deux continens, était tout-à-fait à la

bienséance de la République, & l'on sait
que dans le code des peuples conquérans,
être à la bienséance signifie avoir des
droits à la conquête. Des rebelles ayant
secoué, dans l'isle, le joug de leurs Souverains, Rome, comme juge née des différens de toutes les Nations, envoya des
troupes d'abord pour la pacifier & ensuite
pour la subjuguer. Carthage, dont la
fierté n'était pas encore humiliée par tous
ses anciens désastres, parla hautement de
vengeance. Alors les deux Républiques
rompirent entr'elles ; mais le peuple offensé
n'ayant que du courage sans forces, fut
bientôt obligé de plier sous la loi du
peuple offenseur. La métropole de l'Afrique
céda au temps, & fit un nouveau traité
par lequel elle abandonna la Sardaigne
à sa rivale, & s'obligea à lui payer
douze cents talens (six millions cinq cents
mille livres de notre monnaie) pour se
rédimer de la guerre qu'elle voulait lui
faire. Telle fut l'origine, comme nous le
verrons bientôt, du ressentiment éternel

d'Annibal, de sa rupture avec les tyrans de l'Europe, & de ses victoires.

Quelque dure que fût une pareille paix, Rome qui ne croyait établir sa supériorité sur Carthage qu'en l'écrasant, dans l'intention où elle était de tenter une nouvelle expédition en Afrique, balançait encore si elle ne romprait pas des sermens qu'elle avait faits à la face de l'Europe, quand Hannon, un des Ambassadeurs de la République Africaine, indigné de cette tergiversation perfide : « Romains,
» dit-il, si vous êtes déterminés à nous
» refuser une paix que nous avons achetée
» si cher, rendez-nous donc la Sicile
» & la Sardaigne qui en ont été le prix;
» si deux particuliers négocient ensemble,
» & que le traité vienne à être rompu,
» l'un des deux n'est pas autorisé, en
» vertu du droit du plus fort, à garder à
» la fois l'argent & la marchandise : pour-
» quoi les États auraient-ils une morale
» différente de celle des individus ? » —
Le raisonnement de Hannon était sans

réponſe ; les Sénateurs à qui les Grecs n'avaient pas encore appris l'art du So- phiſme par lequel on répond à tout ſans croire à rien, rougirent & confirmèrent le traité avec Carthage, afin de conſerver ſans remords la Sicile & la Sardaigne.

Après cet évènement, la République ſe trouvant ſans guerre, ce qui ne s'é- tait pas encore vu depuis près de quatre ſiècles & demi, fit fermer ſolemnellement à Rome, le Temple de Janus : cette cérémonie était ſi peu dans les principes d'une nation eſſentiellement militaire, que pendant plus de ſept cents ans, elle ne ſe renouvella que trois fois, d'abord ſous le régne de Numa, enſuite comme nous venons de le voir après la réduc- tion de la Sardaigne, & enfin lorſqu'Au- guſte ſe voyant ſans rival, après la vic- toire d'Actium, établit ſon trône ſur les débris de la République.

Le temple de Janus, à l'époque dont nous écrivons l'hiſtoire, ne reſta ferméque quelques mois ; il fallut bientôt le rouvrir

à l'occafion de quelques troubles paffagers
de la Ligurie, de la Corfe & de la Sardaigne, & lorfque ces troubles furent áp-
paifés, arriva la guerred'Illyrie.

L'Illyrie , qui répond à ce que nous
appellons les côtes de la Dalmatie, pro-
fitait depuis long-temps de la méfintelli-
gence de fes voifins, pour faire exercer
avec impunité à fes navigateurs le métier
de pirates. Comme la mer Adriatique
était infeftée de leurs brigandages, Rome
fit partir des Ambaffadeurs chargés de
porter à leur Souveraine, les plaintes de
l'Italie entière. C'était un enfant qui occupait alors le trône de l'Illyrie. Teuta,
fa belle - mere , & Régente de l'État
pendant fa minorité , répondit aux Envoyés qu'elle n'autoriferait perfonne à infulter le pavillon Romain fur la Méditerranée ; mais que fi fes fujets allaient en
courfe pour leur utilité particulière, il n'é-
tait pas dans les principes des Rois qu'elle
repréfentait, de le défendre. « Nos prin-
» cipes à nous , dit le plus jeune des

» Ambaſſadeurs, ſont de faire intervenir
» la nation, pour venger les inſultes faites
» aux derniers de nos concitoyens. Refre-
» nez vos pirates, ou Rome punira leur
» délit, en renverſant le trône d'Illyrie ».

Teuta ne connoiſſait pas encore, même par la renommée, la fierté Romaine. Bleſſée en qualité de Vice-Reine, & encore plus en qualité de femme, de ce que des Ambaſſadeurs venaient ainſi la défier, ſans égard au caractère ſacré qui les mettait à l'abri de ſa vengeance, elle les fit aſſaſſiner, & porta la férocité juſqu'à faire périr, par le ſupplice du feu, les pilotes des vaiſſeaux qui les avaient tranſportés dans ſes États. Rome inſtruite de cet attentat, commença par faire ériger des ſtatues à ſes Ambaſſadeurs, enſuite elle équipa une flotte chargée de mettre tout à feu & à ſang ſur les côtes de l'Illyrie.

Teuta, comme toutes les femmes ſans caractère qui gouvernent les peuples, avait plus d'audace à ordonner le crime qu'à le ſoutenir ; quand elle vit une flotte formidable menacer ſes villes maritimes, elle déſavouà le meurtre des Ambaſſadeurs. L'Amiral Romain, qui crut que les deux puiſſances ſe concilieraient ſans répandre du ſang , ſuſpendit à l'inſtant les hoſtilités , & ſe borna à demander que les aſſaſlins fuſſent livrés à la vengeance de ſa République. Cette modération parut à Teuta un ſigne de faibleſſe. Rentrant alors dans ſon caractère , elle fit reſſerrer dans leurs cachots les gens de la ſuite des Ambaſſadeurs aſſaſſinés , alla s'emparer de Corcyre, & fit ravager toutes les côtes du Péloponèſe.

Cette bravade ne reſta pas long-temps impunie. Ce n'était pas à de faibles pirates à défier les vainqueurs de Pyrhus & de Carthage : en peu de temps une flotte Romaine renverſa toutes les fortereſſes élevées dans les iſles de la mer Adriatique, pour ſervir d'entrepôt aux brigandages : les Villes maritimes de l'Illyrie, paſsèrent ſous le joug, & Teuta, ſur le point d'être forcée dans ſa capitale, demanda de bonne foi la paix à ses vainqueurs. Elle fut accordée, non à la Vice-Reine, qui faisait assassiner les Ambassadeurs, mais à l'enfant Royal qu'elle tenait en tutelle. Il fut statué que Corcyre, Epidamne, & quelques autres Places, seraient annexées à la domination Romaine ; que l'Illyrie payerait un tribut à la République ; &, ce qui intéressait toutes les puissances du Péloponèse, que ses Armateurs ne pourraient naviger au-delà de la ville de Lissus qu'avec deux vaisseaux qui ne seraient point armés en guerre : pour comble d'ignominie, Teuta eut ordre d'abdiquer la Régence, qui fut confiée à Démétrius.

Ce Démétrius n'avait guères plus de délicatesse que Teuta ; une fois maître de l'Illyrie, sous le nom de son pupille, il profita d'une invasion des Gaulois, qui tenait en haleine les légions Romaines, pour armer cinquante galères avec lesquelles, contre la foi des traités, il se rendit au-delà de la ville de Lissus, & pilla les Cyclades. Paul Emile, père du fameux conquérant de la Macédoine, ne laissa pas ces attentats impunis ; il fit une descente dans l'Illyrie, prit d'assaut toutes ses Métropoles, & laissa cependant la couronne au Roi enfant, à condition qu'il resterait sous la tutelle de Rome, même lorsqu'il serait sorti de minorité.

La guerre d'Illyrie, peu importante par elle-même, n'avait servi aux Romains qu'à leur faire rouvrir le temple de Janus. Celle des Gaulois qui survint dans l'intervalle de la double expédition contre Teuta & contre Démétrius, paraît plus digne de ce peuple dominateur. Son origine fait peu d'honneur à la délicatesse Romaine. Il s'agissait du Picènum, dont, à l'instigation de quelques Tribuns factieux, on avait chassé les Senonois, pour en partager les terres entre les Citoyens pauvres de la République. Ce crime de lèze-nations (car il est difficile de le nommer autrement) donna l'alarme à toute la Gaule Cisalpine ; il se forma une ligue puissante à la tête de laquelle se mirent

les Boyens , les Infubriens & les Géfates.
L'armée des Confédérés paffa la chaîne
des Apennins, arriva jufqu'à Clufium fans
trouver d'obftacle, & menaça Rome d'un
incendie pareil à celui de Brennus.

Rome n'avait pas attendu cette invafion pour fe mettre en état de défenfe.
Ici Polybe interrompt le fil de fa narra-
tion, pour nous faire connaître , dans le
plus grand détail , les forces de la République ; & ce tableau qui fert de donnée,
pour réfoudre le problême important de fa
population, mérite peut-être plus d'entrer
dans une hiftoire des hommes, que le récit
monotone & faftidieux de fes victoires.

Le dénombrement de Polybe a deux
parties : dans l'une, l'Hiftorien calcule les
légions qu'on oppofa à l'invafion des Gaulois ; dans l'autre, il examine le nombre
de troupes qu'il eût été poffible de lever
encore , fi l'Etat fe fût trouvé dans un
danger éminent. Le réfultat total préfente
d'un coup-d'œil l'enfemble des forces de
la République.

Les légions qu'on arma contre les Gaulois confiftèrent en cinquante mille hommes d'infanterie & quatre mille chevaux, fournis, tant par les Sabins, que par les Tyrhéniens ; & qui furent chargés de garder les frontières de l'Etrurie. Les Ombriens, les Sarfinates, les Vénètes & les Cénomans, formèrent de leur côté un corps de quarante mille hommes, qui fe jettèrent fur la Gaule Cifalpine. Rome, de fon côté, fit fortir de fes remparts quatre légions, compofées de cinq mille deux cents fantaffins & de trois cents chevaux, auxquelles elle joignit trente-deux mille hommes des alliés, & elle fe réferva, en cas de furprife, une feconde armée de cinquante-trois mille cinq cents hommes, dont fes Citoyens fournirent feuls vingt mille fantaffins & quatre cents chevaux. Il y eut donc quatre armées levées à la fois contre les Gaulois, & le nombre des foldats réunis, montait à plus de deux cents mille hommes.

Outre ces forces puiffantes, la République avait encore d'autres reſſources : il paraît par le cadaſtre qu'on envoya au Sénat, & que Polybe avait conſulté, que les Romains pouvaient, en cas de beſoin, armer trois fois plus de ſoldats, pour conſerver dans l'Europe le rôle de puiſſance dominante.

Les Latins pouvaient fournir quatre-vingt mille hommes de pied, & cinq mille chevaux.

Les Samnites étaient taxés à ſoixante & dix mille fantaſſins & à ſept mille chevaux.

On demandait aux Japyges & aux Meſſapiens cinquante mille hommes de pied & ſeize mille chevaux.

Les Lucaniens contribuaient de leur côté de trente mille fantaſſins & de trois mille chevaux.

On n'exigeait des Marſes, des Maruciniens, des Férentiniens & des Veſtiniens, que vingt mille hommes de pied & quatre mille chevaux.

Rome, outre cela, avait deux légions en Sicile & à Tarente, & pouvait lever, soit dans son territoire particulier, soit dans la Campanie, deux cents cinquante mille hommes d'infanterie, & vingt-trois mille chevaux.

Le total des forces Romaines employées ou à employer, monte, suivant l'évaluation de Polybe, à sept cents soixante & dix mille hommes.

Si l'on voulait juger des forces de l'antiquité par celles de nos Etats modernes, on serait tenté de soupçonner la fidélité du calcul de Polybe : en effet, Montesquieu a dit (& qui oserait contredire Montesquieu !) qu'un Prince qui a un million de sujets, ne peut, sans se détruire lui-même, entretenir plus de dix mille hommes de troupes réglées : il en a coûté cher à la vieillesse de Louis XIV, pour s'être écarté de cette maxime politique : & qui sait si la Prusse se relevera un jour de l'épuisement où la jette l'appareil imposant de ses forces militaires, quand cette Puissance, qui semble résider toute entière dans la personne de son

Souverain, n'aura plus, pour faire taire l'Europe, le génie de Frédéric & la renommée de ses victoires?

Mais si la proportion des soldats au reste du peuple n'est, dans nos Monarchies modernes, que d'un à cent, il n'en est pas de même de celle que la politique pouvait admettre dans les anciennes Républiques. A Rome, sous les Rois, où tout Citoyen était soldat, cette proportion était d'un à cinq, & quand la ville comptait cent mille têtes dans ses murs, en comptant les enfans, les femmes & les vieillards, elle pouvait mettre sous les armes vingt mille hommes. Dans l'intervalle des deux premières guerres puniques, où les liens du patriotisme commençant à se relâcher, un grand nombre de Citoyens se dispensaient du service militaire, la proportion était encore d'un à dix; elle ne fut plus que d'un à vingt dans les guerres civiles du premier Triumvirat; & quand Auguste eut renversé la République, Rome, de niveau avec nos Monarchies modernes, put admettre le calcul de Montefquieu.

Il réfulte de ces confidérations philofophiques, que Rome pouvant, dans la guerre contre les Gaulois, armer, fuivant Polybe, fept cents foixante & dix mille hommes, la population de l'Italie prefqu'entière, ne montait pas, à cette époque, à huit millions d'ames, ce qui ne bleffe en rien les loix de la vraifemblance hiftorique. Il faut remarquer que dans tous ces dénombremens, on ne fait jamais mention des Efclaves, que la fierté Romaine ne mettait pas fans doute au rang des hommes.

Les Gaulois qui ignoraient qu'on avait levé contr'eux quatre armées, en attaquèrent une non loin des murs de Clufium, & remportèrent fur elle une victoire complette. En s'approchant de la côte maritime de l'Etrurie, ces barbares fe trouvèrent entre deux autres armées Romaines. Il y eut une bataille fanglante près de Telamon : les Gaulois preffés entre les

légions des deux Confuls, fe formèrent en
bataillons quarrés pour fe défendre à la
fois en face & en queue ; mais quoiqu'ils
fiffent des prodiges de valeur, expófés à
demi-nuds aux flèches des hommes de
trait, n'oppofant aux épées vigoureufes
des légionnaires, que des fabres plians qui
ne frappaient que de taille, & n'ayant
pas affez de profondeur dans leurs lignes
pour faire une double réfiftance, ils furent à la fin taillés en pièces. Comme le
chemin à la fuite leur était interdit, le
carnage fut horrible. On dit que quarante mille hommes reftèrent fur la place ;
il n'y eut que dix mille prifonniers, parmi
lefquels fe trouva Concolitan, un de leurs
Rois. L'autre, qui fe nommait Aneroëfte,
pour éviter d'être traîné à la fuite d'un
char de triomphe, fe tua lui-même, non
loin du champ de bataille.

Cette victoire mémorable ne termina
pas la guerre. Rome qui voulait anéantir
la race des Concitoyens de Brennus, à
qui elle avait juré une haîne implacable,

ordonna à Flaminius & à Furius de se jetter dans le pays des Insubriens. Les Consuls y entrèrent par le confluent de l'Adda & du Pô; c'était pour la première fois que les armes Romaines pénétraient dans cette région; cinquante mille Gaulois avaient eu le temps de venir au secours de la patrie, & les deux armées se trouvèrent bientôt en présence.

Au moment où les Romains commençaient à se ranger en bataille, arrive un courier dépêché par le Sénat, avec des lettres pour les Généraux. Cette compagnie, allarmée par des prodiges populaires, avait consulté les Augures, & apprenant par leur réponse qu'il y avait quelques défauts de formalité dans la nomination des Consuls, elle leur enjoignait de se démettre, & de revenir à Rome sans rien entreprendre contre l'ennemi. Il est probable que Flaminius & Furius se doutèrent du contenu de ces lettres, car brûlant du désir d'acquérir de la gloire, ils ne voulurent les ouvrir qu'après la

bataille. Cette témérité, contre l'ordinaire, fut heureuse. Les Romains remportèrent une victoire complette ; huit
mille Gaulois furent passés au fil de l'épée,
& on fit seize mille prisonniers : de retour
au camp, les vainqueurs ouvrirent les
lettres du Sénat, & Flaminius persuada
à son collègue de n'y avoir pas plus d'é-
gards qu'aux vains oracles des Sibylles. Il
fit quelques conquêtes dans le pays, s'empara d'une capitale, & ne revint à Rome
qu'à la fin de la campagne.

Il y avait, à la fois, dans la conduite
de Flaminius, une ambition désordonnée
& de l'irréligion. Le Sénat qui ne croyait
guères aux Augures, ferma les yeux sur
l'irréligion du Consul; mais à cause de son
ambition qui éclatait dans sa désobéissance,
voulut-il le priver des honneurs du triomphe : mais le peuple qu'il s'était concilié durant le cours de son Tribunat, le lui déféra,
ainsi qu'à son collègue : seulement après la
cérémonie, les deux triomphateurs furent
obligés d'abdiquer le Consulat. Ce Fla-

minius eft le même dont la préfomption devint fi fatale à la République, lorf-qu'Annibal cueillit contre elle une palme fanglante à la journée de Trafimène.

Il était réfervé à Marcellus, le fameux vainqueur de Syracufe & d'Archimède, de terminer la guerre contre les Gaulois. Ce héros, l'année de fon Confulat, fit une defcente dans le pays des Infubriens & remporta une victoire éclatante, où il tua de fa main Viridomar, Roi des Géfates : Milan, la plus forte place de la contrée, fut enfuite prife d'affaut, & toute l'Italie, jufqu'à la barrière des Alpes, paffa fous la domination Romaine.

Le triomphe de Marcellus fait époque dans les annales de la République; car il remporta les dépouilles opimes, pour avoir tué Viridomar. Le héros ne partagea cet honneur qu'avec Coffus & le fonda-teur de Rome. Après lui, on ne voit plus les Généraux défier les Rois, fur le champ de bataille.

C'eft quatre ans après le triomphe de

Marcellus , que la prise de Sagonte en‑
traîna la seconde guerre punique. Rome
alors possédait l'Italie toute entière , l'Illy‑
rie , les deux tiers de la Sicile , & tout l'Ar‑
chipel , qui la sépare de l'Afrique ; elle
pouvait mettre au moins huit cents mille
hommes sous les armes ; elle avait des
Généraux consommés , tels que Marcellus
& d'autres qui se formaient en silence ,
tels que les Fabius & les Scipion : voilà
la puissance qu'Annibal , vainqueur de la
Gaule & des Alpes , vint attaquer & pres‑
que anéantir , avec vingt mille hommes de
pied & six mille chevaux.

Du grand Annibal. Prise de Sagonte. Seconde guerre punique (a).

CARTHAGE, jufqu'à ce moment, minée lentement par le vice interne de fa conftitution , mal fervie par fes mercenaires , fouvent trahie par fes propres Généraux , n'avait pas connu toutes fes reffources. C'était un géant , qui au lieu

(a) Enfin nous ceffons de glaner parmi des fragmens d'Hiftoriens fufpects & obfcurs de l'antiquité. Tite-Live , qui nous a manqué , reparaît tout d'un coup , & le morceau qu'il va traiter , eft fon chef-d'œuvre. Les Livres 21 , 22 , 23 , 24 , 25 , 26 , 27 , 28 , 29 & 30 de ce grand Hiftorien , & les trois premiers de Polybe , vont être , avec une *vie d'Annibal* , de Cornelius Nepos , un Ouvrage d'Appien fur les guerres de ce Héros de Carthage , & les *vies de Fabius & de Marcellus* , de Plutarque , nos principaux guides dans l'hiftoire mémorable de la feconde guerre punique.

de déployer ses forces, ne voulait qu'effrayer par sa masse : un homme de génie vint, qui vivifia cette masse inerte, & s'en servit pour briser l'orgueil de Rome ; cet homme de génie, est le grand Annibal.

Annibal était né d'Amilcar, un des plus grands Capitaines de son siècle, & l'homme de sa patrie à qui le nom Romain était le plus odieux. Le fils ne dégénéra point de son père ; il avait à peine neuf ans qu'Amilcar, commandant pour Carthage, en Espagne, lui fit jurer sur l'autel de Jupiter, que sa haine pour Rome ne finirait qu'avec sa vie. Ce serment était pour le jeune guerrier le serment du Styx, pour les Dieux d'Homère, il ne le trahit jamais.

Annibal avait déjà dix-huit ans, quand son père mourut de la mort des Héros, c'est-à-dire, sur un champ de bataille ; il quitta alors l'Espagne, & vint en Afrique étudier les loix, les mœurs, & les ressources de Carthage.

Quatre ans après, Asdrubal, le gendre

d'Amilcar, & qui lui avait fuccédé dans fon Gouvernement, appella Annibal en Efpagne. Le Héros, à peine forti de l'adolefcence, était déjà regardé comme l'efpérance de la patrie par l'homme de fon temps qui fe connaiffait le mieux en valeur & en renommée. Dès qu'il parut à l'armée, il attira fes regards & fixa fa bienveillance. Les vieux guerriers qui avaient fervi contre les Romains, croyaient voir revivre en lui leur Général Amilcar; c'était la même nobleffe dans fa démarche, le même feu qui pétillait dans fes yeux, la même vigueur martiale qui vivifiait toute fa perfonne. A ces qualités phyfiques, fe joignaient toutes les vertus guerrières qui les font valoir. Infatigable dans le travail, il appellait le péril par fon audace, & le bravait par fon fang froid; toujours à la tête des fiens fur un champ de bataille & le dernier à la retraite, il était le modèle de fes foldats & leur idole.

Annibal fervit trois ans fous Afdrubal, & celui-ci, au bout de cet intervalle, ayant été affassiné par un Esclave , l'armée d'abord, & ensuite le Sénat de Carthage , déférèrent au Héros le commandement des troupes , le gouvernement de l'Espagne , & peut-être même la dignité suprême de Suffète. Il ne tenait qu'à Annibal, avec un pouvoir si énorme, de fonder une Monarchie ; mais sa grande ame s'indignait de l'ombre même d'une rébellion : il aima mieux aller à l'immortalité , en servant sa patrie qu'en la déchirant, & ce fut pour elle qu'il fit toutes ses conquêtes.

Sagonte, la plus forte ville de l'ancienne Espagne, était l'alliée des Romains, &, à ce titre, avait jusqu'alors servi de barrière aux conquérans. Annibal, à la haine de qui ce titre était peu fait pour en imposer, se présenta tout d'un coup devant ses remparts, & en fit le siège.

La ville, défendue par son fleuve, par ses murs inaccessibles, & sur-tout par la bravoure de ses habitans, se signala par la plus vigoureuse résistance : mais ces obstacles ne firent qu'irriter le génie actif d'Annibal. Le Héros se trouvait par-tout, & sa préfence multipliait les reffources de ses foldats. Enfin, après huit mois de fiège, Sagonte fut emportée d'affaut : le vainqueur fit fervir l'or & l'argent qu'il trouva au milieu de fes ruines, pour les frais de la guerre qu'il méditait contre Rome; & comme la faifon était trop avancée pour traverfer les Alpes, il alla paffer l'hiver à Carthagène.

Rome, à cette époque, avait dé petites gueres en Italie ; &, n'ofant divifer fes forces, elle négocia au lieu d'agir. Cette pufillanimité, fi peu faite pour une puiffance qui s'énorgueilliffait de mettre huit cents mille hommes fous les armes, perdit Sagonte, & amena les grandes victoires d'Annibal.

Sagonte n'était pas encore renverfée, quand les Ambaffadeurs de Rome arrivèrent à l'embouchure de l'Hèbre. Annibal leur fit dire qu'il ne leur confeillait pas de remonter le fleuve, fes bords étant habités par des efpèces de fauvages qui pourraient bien ne pas refpecter leur caractère. Les Romains entendirent ce langage; & dirigeant leur route du côté de l'Afrique, ils fe rendirent à Carthage.

Annibal avait eu le temps de prévenir fa faction. Auffi le Sénat fit aux Ambaffadeurs une réponfe fière qui équivalait à une déclaration de guerre. Ceux-ci s'embarquèrent à l'inftant pour l'Italie; & à peine mettaient-ils le pied dans Rome, qu'on apprit le défaftre de Sagonte.

Rome n'était pas prête pour fe mefurer avec une armée fière de vingt-trois ans de conquêtes : auffi elle tomporifa encore. Fabius, à la tête d'une ambaffade illuftre, fe rendit de nouveau à Carthage, & demanda à la République fi c'était par fon ordre que Sagonte avait été détruite par Annibal. Les Carthaginois s'enveloppèrent dans des fubtilités. Pour éluder une queftion auffi précife, ils prétendirent qu'il ne s'agiffait pas de favoir fi Annibal, en renverfant Sagonte, avait agi par l'ordre de ſes Souverains, ou par ſon propre mouvement, mais ſeulement ſi la guerre déclarée à cette ville était légitime, ou ſi elle ne l'était pas; enſuite ils analyſèrent le traité de Lutatius, & un autre plus récent que Rome avait fait avec Aſdrubal; & en les oppoſant l'un & l'autre, ils leur ôtèrent toute leur force. Fabius, qui n'avait que l'éloquence de la franchiſe, ne s'amuſa pas à deſcendre dans l'arène pour combattre des Sophiſtes; mais montrant un pan de ſa toge, qui était pliée : *J'apporte ici,* dit-il, *la paix ou la guerre; choiſiſſez.* Le Sénat répondit unanimement qu'il en était l'arbitre : *eh bien!* ajouta Fabius, en déployant ſa toge, *je vous donne la guerre.* Les Carthaginois, auſſi fiers que le Romain, déclarèrent qu'ils l'acceptaient avec joie, & qu'ils la feraient avec courage : c'eſt ainſi que la ſeconde guerre Punique fut déclarée.

PASSAGE DES ALPES. BATAILLES DU TESIN ET DE LA TRÉBIE.

Il n'entre pas dans notre plan de retracer l'histoire de l'expédition d'Annibal dans les Gaules, & sur-tout de remettre sous les yeux tous les évènemens mémorables de son passage des Alpes. Les grandes scènes dramatiques où Carthage joue le rôle dominant, se trouvent dans ses annales, & il n'en faut transporter à l'histoire de Rome que ce qui est nécessaire pour montrer la chaîne des faits, & faire ressortir le caractère des personnages.

Les Ambassadeurs de Rome étaient revenus en Italie par l'Espagne & par les Gaules, & ils avaient tenté de se faire des alliés des peuples qui n'avaient pas encore subi le joug d'Annibal; mais on leur répondit par-tout de chercher des amis dans des régions où le désastre de Sagonte ne serait pas connu. Marseille seule les accueillit : elle ſe croyait trop éloignée du théatre de la guerre pour voir aucun préſage funeſte dans leur alliance.

Cependant, ces Eſpagnols & ces Gaulois qui ſe refusèrent aux offres de Fabius, ne ſe prêterent pas davantage au projet de vengeance d'Annibal. Des peuples auſſi ſuperbes ne voulaient être ni à Rome, ni à Carthage : auſſi, pour traverſer leur pays, il fallut les ſubjuguer.

Annibal avait cinquante mille hommes de pied, trente-ſept éléphans, & neuf mille chevaux, quand il paſſa les Pyrénées. Telle était l'armée qu'il deſtinait à la conquête de l'Italie : elle ſuffiſait à un homme de génie qui voulait exécuter de grandes choſes. Il n'aurait pas ſeulement traverſé les Alpes, s'il avait traîné à ſa ſuite ces nuées de ſoldats qui ont ſervi aux expéditions des Ninus, des Xerxès & des Gengiskan.

La marche des Conquérans ne fut arrêtée qu'au paſſage du Rhône. Grace à un ſtratagême ingénieux, il traverſa, avec ſon

armée, ce fleuve impétueux, sans qu'il lui
en coûtât un seul homme, malgré une armée formidable de Gaulois, campée sur
l'autre rive. Rome, qui, depuis le siége
de Sagonte, ne faisait rien qu'à contre-
temps, avait attendu qu'Annibal eût traversé les Pyrénées pour lui disputer le passage des Gaules. Scipion, l'un des Consuls,
& père du fameux vainqueur de Zama,
arriva sur les bords du Rhône, trois jours
après que les Carthaginois l'eurent passé ;
& , désespéré de voir ce qu'il appellait sa
proie lui échapper, il se rembarqua sur sa
flotte, se proposant d'attendre le Conquérant à la descente des Alpes.

Ces Alpes, monument éternel du génie
d'Annibal, qui les franchit, ont été des-
sinées dans l'histoire de Carthage. Les regards des Carthaginois ne se fixèrent
d'abord qu'avec peine sur ces masses de rochers amoncelés, dont les uns cachaient
leurs cimes dans les nuages, & les autres
ne se découvraient que pour éblouir par
la neige éternelle dont ils étaient cou-

ronnés. Ces groupes de rocs inacceſſibles
ne communiquaient entr'eux que par des
défilés étroits où ſe précipitaient de temps
en temps les torrens & les lavanges ; les
routes pratiquées pour franchir les hauteurs , étaient bordées d'abîmes , dont
l'œil le plus intrépide n'oſait calculer
la profondeur. D'ailleurs, nulle reſſource
dans l'intérieur des montagnes : par-tout
une nature ſauvage qui ſe refuſait à la
culture : des ſpectres , plutôt que des
hommes, qui ne ſe raſſemblaient dans de
malheureuſes chaumières que pour y
achever de mourir. Tels étaient les obſta-
cles que les Carthaginois avaient à vaincre
avant de deſcendre en Italie , pour s'en-
tregorger un jour avec les Romains ſur un
champ de bataille.

Annibal n'était jamais plus grand que
quand une nature indomptable ſe préſentait à ſes regards. Après neuf jours de
la marche la plus pénible, au milieu des
abîmes & parmi des peuples armés , dont
tout le monde juſqu'alors avait reſpecté

l'indépendance, il arriva au sommet des Alpes; là, il montra à ses soldats les plaines fertiles que le Pô arrose, il les flatta du pillage de Rome, & cette perspective donna à ceux qui étaient découragés, le zèle qui, dans de pareilles circonstances, est l'équivalent du courage.

Il fallut encore six jours au Héros pour descendre en Italie, & trouver, loin d'une nature marâtre, un climat aussi doux que le génie de ses habitans ; mais il fut effrayé quand, arrivé le long des rives du Pô, il fit le dénombrement de ses troupes : cette armée qui, quelques mois auparavant, s'était trouvée de cinquante mille hommes quand elle traversa les Pyrénées, était réduite alors à douze mille Africains, huit mille Espagnols & six mille chevaux. Sa marche dans les Gaules & au travers des Alpes, lui coûta donc trente-trois mille hommes, ce qui était acheter bien chèrement aux yeux du Philosophe, la gloire frivole d'arriver par terre en Italie.

Annibal commença son expédition de

l'Italie par le siège de Turin. Cette ville, le boulevard de Rome du côté des Alpes, ayant refusé de faire alliance avec le Conquérant, fut prise d'assaut au bout de trois jours, & on y passa au fil de l'épée tous les ennemis de Carthage.

Scipion, qu'il ne faut pas confondre avec le vainqueur de Zama, chargé de venger le peuple qu'il n'avait osé défendre, vint attendre Annibal de l'autre côté du Pô avec ses légions. La rencontre se fit auprès du Téfin, petite rivière de notre Lombardie. Le Conful, fuivant l'ufage de Rome, harangua fes foldats avant de les mener au combat. Cette harangue ferait bien abfurde, fi Tite-Live, qui nous l'a tranfmife, nous l'avait donnée telle qu'elle a été prononcée : « Songés, lui fait-on » dire aux Romains, que ces Cartha- » ginois qui vous défient, font les mêmes » qui ont eu la baffeffe de vous payer » tribut pendant vingt ans. Leur audace » s'eft accrue, mais leurs forces font di- » minuées : échappés à peine aux périls

« fans nombre qu'ils ont bravés dans leur
» paſſage des Alpes, ce ne ſont pas des
» hommes, mais des ſpectres. Exténués
» par le froid & la faim qu'ils ont ſouffert,
» à demi briſés par leurs chûtes dans les
» abîmes, on dirait qu'en ſe préſentant
» à vos coups, ils cherchent moins à com-
» battre qu'à achever de mourir. Oui, je
» l'avouerai, j'ai une inquiétude; c'eſt
» que l'abſence du péril ne diminue
» votre gloire. La poſtérité dira que les
» Alpes ont vaincu Annibal, avant que
» vous en ayés triomphé vous-mêmes ſur
» un champ de bataille ».

Quoiqu'on ne s'attende pas à trouver
de la Logique dans une harangue militaire,
il eſt auſſi trop abſurde de faire appré-
hender aux Romains qu'ils ne triomphent
ſans danger de ces vieilles cohortes Car-
thaginoiſes qui venaient de franchir la
barrière formidable des Alpes, de vaincre
les Gaulois, & de ſubjuguer l'Eſpagne.

Annibal s'y prit avec bien plus d'adreſſe
pour donner de la confiance à ſes ſoldats.

Il voulut parler à leurs yeux avant de parler à leurs oreilles. A cet effet, il range son armée en demi-cercle comme pour un spectacle. On introduit, par son ordre, au milieu de l'arène, un certain nombre de prisonniers faits dans les Alpes, & on leur propose des combats singuliers, avec la promesse que les vainqueurs auraient la liberté, une armure complette & un cheval pour récompense. L'offre fut acceptée avec enthousiasme, & on vit ces espèces de Gladiateurs lutter entr'eux avec une sorte de férocité, & n'abandonner, qu'en rendant le dernier soupir, l'honneur de la victoire.

L'emblême présentait une interprétation facile; il était évident que les Carthaginois, enfermés entre le Pô, les Alpes & les deux mers, ne pouvaient s'ouvrir une route qu'au travers des légions Romaines. Leur position les mettait, comme les Gladiateurs, dans la nécessité de vaincre ou de mourir. Un pareil apologue vaut la meilleure harangue de Tite-Live.

Comme dans une République commerçante, telle que Carthage, les foldats ne s'expofent à de grands périls que par l'appât de l'or, Annibal qui connoiffait les efprits qu'il avait à manier, ajouta à fon apologue, la perfpective des contrées riantes & fertiles dont il affurait le pillage à fes troupes; enfuite prenant une pierre, il écrafe, à leur vue, fur un autel, la tête d'un agneau, priant Jupiter de l'écrafer lui-même, s'il laiffe les vainqueurs de Rome fans récompenfe.

Le combat s'engagea par la cavalerie; celle d'Annibal, toute Numide, & la meilleure alors de notre continent, fit une manœuvre favante pour prendre les ennemis en flanc, ce qui lui procura la victoire : en vain les Romains accoutumés à braver le génie avec leur épée, firent-ils des prodiges de valeur pour rendre inutile cette manœuvre; enveloppés de toutes parts, ils font contraints de fe débander. Le Conful accourt pour réparer le défordre de fes légions; mais il reçoit une blessure profonde , & il allait tomber vivant entre les mains des Carthaginois, si son fils n'était venu le dérober à cette ignominie. Ce jeune héros qui sauva ainsi, à force de bravoure, sa patrie & son père, était alors suivant les uns agé de dix-sept ans ; d'autres prétendent même qu'il n'en avait que quinze. C'est ce Scipion que nous verrons à la fin de la seconde guerre punique , vaincre Annibal lui - même , sous les murs de Carthage.

Les Romains qui , retirés avec peine dans leur camp, ne s'y croyaient pas encore en sûreté , en sortirent pendant la nuit & passèrent le Pô en diligence. Le vainqueur instruit, les poursuivit avec chaleur jusqu'aux bords du fleuve ; mais trouvant le pont rompu , il fut obligé de s'arrêter. Les Carthaginois bornèrent leur exploit à faire prisonniers six cents hommes qu'ils trouvèrent en-deçà du fleuve , & qui avaient été chargés de la garde du fort , construit à la tête du pont. Quoique la cavalerie seule eût donné dans le combat du Tefin, & que l'infanterie, qui faifait la principale force des armées Romaines, ne fût intervenue dans la mêlée que lorfque la fortune avait prononcé irrévocablement entre les deux partis, cependant le triomphe d'Annibal parut fi complet, que les auxiliaires qui fervaient dans les légions du Conful, furent découragés. A peine les troupes victorieufes eurent-elles paffé le fleuve fur un pont de bateaux, qu'un corps de deux mille deux cents Gaulois fortit du camp de Scipion pendant la nuit, & vint fe ranger fous les drapeaux Carthaginois. Le Conful furpris d'une pareille défertion, la regarda comme le fignal de la révolte de la Gaule, & partageant la terreur panique de fes foldats, il fortit encore à la faveur des ténèbres de l'afyle qu'il s'était choifi, & s'établit dans un pofte fortifié par la nature, non loin des remparts de Plaifance.

On peut obferver qu'à cette époque, toute la force Carthaginoife était dans

le génie d'Annibal : car par-tout ailleurs
où les deux Républiques luttaient enfemble , celle de Rome confervait fa fupériorité.

Un Scipion , frère du Conful , qui
était parti de l'embouchure du Rhône ,
pour difputer l'empire de l'Efpagne à
Hannon , Lieutenant d'Annibal , battit
ce Général & le fit prifonnier avec douze
mille hommes.

D'une autre côté , Hyéron , Roi de
Syracufe , & le Prêteur Emilius , battaient
l'un auprès de Meffine , & l'autre , non
loin de Lilybée , des flottes Carthaginoifes
qui croifaient fur la Méditerranée pour
s'emparer de la Sicile ; & le Conful Sempronius ayant fait voile du côté de Malthe,
dès qu'il eut arboré le pavillon Romain,
vit fe ranger fous fes étendards , les Infu-
laires qui lui livrèrent Amilcar , leur commandant , avec deux mille Africains qui
retenaient l'ifle fons la dépendance de
Carthage.

Sempronius , vainqueur dans les mers

de Sicile, fut rappellé en Italie, & réunit
son armée à celle de Scipion. Ce n'était
pas trop de deux Consuls pour tenir tête
au Conquérant de l'Italie. L'un blessé au
combat du Tesin, avait une circonspection qui se ressentait autant de l'absence
de ses forces physiques, que de sa prudence;
l'autre, plein d'activité, mais le plus pré-
somptueux des hommes, croyait tenir dans
sa main la destinée de sa République. Ce
dernier, dans une légère escarmouche, ayant
vu sa cavalerie rester maîtresse du champ
de bataille, donna le dernier essor à sa
vanité, & malgré son collègue, osa se
mesurer avec Annibal. Les deux armées
étaient alors auprès de la Trèbie, espèce
de torrent qui se jette dans le Pô auprès de Plaisance.

Les légions réunies présentaient seize
mille Romains & vingt mille alliés sans
compter la cavalerie; c'était le nombre
où se montait dans ces temps-là une
armée complette, quand les deux Consuls
marchaient ensemble : il n'en fallut pas

tant à Curius pour vaincre Pyrhus, &
à Camille pour chasser les Gaulois de
Rome.

Les Carthaginois, malgré les transfuges de la Gaule, se trouvaient très-
inférieurs en nombre aux troupes qui
formaient les deux armées consulaires.
Annibal y suppléa par un stratagême ; il
y avait entre les deux camps une ravine
dont les bords très-élevés étaient couverts
de plantes marécageuses, & d'arbustes tels
qu'il en croît dans les bruyères ; il y
posta Magon en embuscade avec deux
mille hommes de pied & l'élite de sa
cavalerie ; ensuite il envoya ses Numides
caracoller dès la pointe du jour jusqu'aux
portes du camp ennemi, avec ordre de
défier les Romains & de lancer des traits
contre leurs sentinelles. Le superbe Sempronius, comme le héros de Carthage, s'en
était douté, envoya d'abord contre les
assaillans toute sa cavalerie, puis six mille
hommes de traits, & enfin toute l'armée.
Les Numides prirent la fuite à dessein, &

se laissèrent poursuivre, avec un désordre apparent, jusques sur les bords de la Trèbie.

La saison était déjà fort avancée : ce jour-là même, une brume très-froide enveloppa l'atmosphère, & elle ne se dissipa que pour faire place à la neige qui tomba en abondance. Les Romains qui ne comptaient pas sur l'attaque des Numides, étaient sortis à jeun, & quand ils furent arrivés au torrent, le froid, la fatigue & la faim se réunirent pour les accabler. Pour comble de malheur la pluie de la nuit précédente avait enflé la Trébie ; les soldats des légions trouvèrent de l'eau jusqu'à la poitrine, & ils tombaient à demi morts en arrivant sur le rivage.

Il n'en était pas de même de l'armée ennemie ; chaque Carthaginois, par ordre de son Général, s'était frotté d'huile auprès du feu, & avait pris un bon repas dans sa tente. Plein de confiance dans ses forces, dans ses hautes destinées, & dans le génie d'Annibal, il appellait par ses vœux le

signal du combat, & on ne laissa pas
réfroidir sa noble impatience.

Cependant les Romains étaient toujours
à la poursuite de l'ennemi ; tout-à-coup
la scène change : les Numides qui avaient
pris une fuite simulée, font volte-face,
& Sempronius qui voit sa cavalerie en
danger, fait sonner la retraite, & reçoit
ce corps de troupes très-affaibli au milieu
de son infanterie.

C'est en ce moment que l'armée Carthaginoise s'ébranle. Sempronius avait
rangé ses trente-six mille hommes d'infanterie sur trois lignes, suivant l'usage des
Romains, & ses quatre mille chevaux sur
les deux aîles. Annibal mit son infanterie,
composée de vingt mille hommes, sur
une seule ligne, & fortifia ses aîles, non-
seulement de ses éléphans, mais encore
de toute sa cavalerie, qui, en comptant
les Gaulois auxiliaires, montait à plus de
dix mille hommes.

Il était évident, par ces dispositions, que
si le foyer du combat était aux aîles des

deux armées, Sempronius ferait vaincu, &
qu'il triompherait s'il avait l'art de ramener toujours l'action principale au centre
de bataille. Mais les hommes tels que Sempronius n'ont pas le génie qui maîtrife les
évènemens. La mêlée décifive fut du côté
des aîles. Annibal fondit, à la tête de fa
formidable cavalerie, avec tant d'impétuo-
fité fur celle des Romains, qu'en un inftant elle l'enfonça & la mit en déroute,
ce qui mit à découvert les flancs de l'armée confulaire. En même temps les éléphans s'avancent, & rompent les rangs qui
leur font oppofés. Les Numides fortent de
leur embufcade, & fondent, par derrière,
fur le corps de bataille. Sempronius n'avait
rien prévu de toutes ces manœuvres : il
croyait qu'il en eft de deux armées comme
de deux guerriers chargés d'une pefante
armure, qui fe défient dans un combat
fingulier, & que la rufe n'eft rien en préfence de la bravoure. Il fallait, au refte,
que l'infanterie Romaine, qui, formait
le centre de l'armée confulaire, eût intrin-

sèquement une force prodigieuse, puisque malgré les Numides qui rompaient son arrière-garde, malgré la cavalerie qui désolait ses flancs, malgré les éléphans & les efforts d'un ennemi vainqueur, on ne put réussir à l'entamer de face. Elle se fit jour au travers des Carthaginois, & prit la route de Plaisance, où elle entra, enseignes déployées, formant encore un corps de dix mille hommes.

D'ailleurs, le triomphe d'Annibal fut complet; il s'empara du camp ennemi, & sa victoire lui permit de parler en maître aux peuples de l'Italie.

PASSAGE DE L'APENNIN. BATAILLE DE TRASIMÈNE.

ANNIBAL, dont l'activité croissait à mesure que ses exploits devenaient plus rapides, n'attendit pas le printemps pour étendre ses conquêtes : il voulut se rendre en Etrurie, afin de porter autour de Rome le foyer de la guerre; &, à cet effet, il tenta le passage de l'Apennin. Le vainqueur des Alpes ne s'attendait pas qu'une montagne que des armées entières avaient cent fois traversées, lui deviendrait presqu'aussi fatale que la perte d'une bataille.

Quand les Carthaginois furent au milieu de leur route, il s'éleva un ouragan affreux qui les glaça d'effroi. Un vent impétueux, mêlé de grêle, soufflait contre le visage des soldats, & les renversait, quand ils voulaient se roidir contre sa violence. Comme ce vent empêchait tout le monde de respirer, on prit le parti de lui tourner le dos, & d'attendre en silence la fin de la tourmente. Alors la succeſſion rapide des éclairs, le fracas épouvantable du tonnerre, ôtant tout à la fois l'uſage des yeux & des oreilles, les plus ſuperſtitieux crurent, à l'aſpeĉt de ce qu'ils appellaient les convulſions du globe, que les Dieux s'armaient pour leur défendre la conquête de l'Italie. L'orage ceſſa enfin; mais comme l'atmoſphère était ſingulièrement rafraîchi, le vent continuant à ſouffler, non plus par bourraſques, mais avec une violence uniforme, il fallut, à l'approche de la nuit, camper dans ce lieu découvert, qui portait par-tout l'empreinte de la deſtruĉtion; mais la fatigue & l'anxieté des Carthaginois ne fit que s'accroître : ils ne pouvaient ni développer leurs tentes, ni les maintenir un inſtant dans leur aſſiette : pour comble de malheur, les vapeurs de l'atmoſphère s'étant épaiſſies & glacées ſur le ſommet de l'Apennin, il tomba tout-à-coup une prodigieuſe quantité de neige & de grêle, qui acheva de décourager l'armée d'Annibal. Abandonnant un travail inutile, chacun fe jettait par terre, écrafé fous le poids de fa tente, plutôt qu'il n'en était protégé. Le froid, pendant ce temps-là, acquérait fon dernier période d'apreté, & la plupart des Africains, dont les nerfs étaient roides, ne pouvaient plus plier leurs membres à aucun ufage. C'en était fait de ces infortunés, fi des feux allumés de diftance en diftance, n'avaient ranimé en eux le dernier fouffle de vie, prêt à s'éteindre. Annibal demeura ainfi deux jours à lutter contre une nature marâtre, & il ne fortit de l'Apennin qu'après avoir perdu fept éléphans & un nombre prodigieux d'hommes & de chevaux.

Rome, dans l'intervalle, au lieu de s'occuper à faire garder la chaîne de l'Apennin, s'amufait à confulter les oracles des Sybilles : elle ordonnait aux femmes des Sénateurs d'aller en proceffion au Temple de Junon : elle faifait fabriquer, par fes artiftes, un foudre d'or du poids de cinquante livres, deftiné pour la ftatue de Jupiter ;

& quand elle vit que des Sybilles, des foudres d'or & des processions ne retardaient pas d'un seul pas la marche d'Annibal, elle se détermina enfin à lever une nouvelle armée, qu'elle mit sous les ordres de Flaminius.

Annibal, peu inquiet du choix d'un pareil Général, qu'il regardait comme un second Sempronius, profita de ses forces & de sa renommée, qui les grossissait encore, & prit le chemin de l'Etrurie. Deux routes se présentaient au Conquérant; l'une hérissée de montagnes, dénuée de fourages, & ruinée par le séjour des armées Romaines; de plus, c'était la plus longue, mais la plus sûre : l'autre, beaucoup plus courte, était située dans une plaine fertile; mais il fallait, pour l'atteindre, traverser le marais de Clusium, devenu d'une surface immense, par le débordement de l'Arno. Le Consul jugeait ce passage impraticable, & il avait négligé de le garder. Annibal, qui, depuis le passage des Alpes & celui de l'Apennin, ne doutait plus de

fa bonne fortune, eut l'audace de s'y engager. Les Espagnols & les Africains, qui
formaient son avant-garde, traversèrent
le marais sans grande incommodité. Le
sol avait encore une sorte de consistance,
& d'ailleurs ils ne gémissaient pas sous le
poids de leur armure : mais quand les Gaulois, qui composaient le corps de bataille,
& la cavalerie, qui servait d'arrière-garde,
voulurent passer sur ce sol humide & déjà
foulé, ils souffrirent des fatigues incroya-
bles. Les soldats restèrent quatre jours &
trois nuits au milieu de la fange ; une grande
partie des bêtes de somme furent englou-
ties dans les gouffres. Annibal lui-même,
monté sur le seul éléphant qui lui restait,
ne pouvant résister aux vapeurs pestilen-
tielles qui s'élevaient autour de lui, eut
une fluxion cruelle, qui lui fit perdre un
œil. A la fin, le marais fut traversé, &
les Carthaginois se trouvèrent en Etrurie.

Cependant le plus grand péril n'était
pas encore passé pour Annibal. Le Sénat
avait enjoint à Flaminius de ne combattre

que quand ſes légions ſe trouveraient réunies avec celles de Servilius, ſon collègue:
& comme la moindre de ces armées était
encore ſupérieure à celle des Carthaginois,
le Conquérant ſemblait perdu, ſi la jonction ſe faiſait. Heureuſement pour lui le
Conſul qui n'avait que de la préſomption
ſans talent, & de l'audace ſans génie,
voulut avoir la gloire de vaincre ſeul; il
déſobéit à ſa patrie, & fut ſur le point
de l'entraîner dans ſa chûte.

Annibal qui avait le plus grand intérêt
à combattre avant la jonction des deux
armées conſulaires, déploya tous ſes ſtrata-
gêmes pour irriter le bouillant Flaminius.
Il le bravait tour à tour, & feignait de
le craindre : ſes Numides allaient inſulter
les légions Romaines juſqu'à la vue des
ſentinelles, & au moindre mouvement de
défenſe, ils prenaient la fuite, comme
s'ils avaient été mis en déroute. Le conquérant finit par mettre tout à feu & à
ſang dans les riches campagnes de l'Etrurie.
Alors Flaminius qui ne contient plus ſon

reſſentiment, veut ſoutenir la gloire du nom Romain, & il accepte la bataille.

Nous avons vu ce Flaminius à la bataille de l'Adda, combattre malgré le Sénat & les augures, & juſtifier, par le ſuccès, ſa témérité. A la victoire près, tel qu'il s'était montré en préſence des Gaulois, il ſe montra en préſence d'Annibal. Les poulets ſacrés ne mangèrent pas, & il s'en moqua : au ſortir du conſeil de guerre, il vit ſon cheval s'abattre & le faire tomber lui-même la tête la première ; & quoique les ſoldats qui l'environnaient fuſſent effrayés d'un préſage auſſi ſiniſtre, il ne différa pas d'une minute le ſignal du combat. Enfin lorſque ſa première ligne commençait à ſe former, un ſoldat étant venu lui annoncer avec effroi, que le premier des Porte-Enſeignes ne pouvait arracher ſon drapeau : *dis-lui,* répondit le Conſul, *que ſi la terreur a glacé ſa main, il creuſe la terre tout autour pour retirer ſon drapeau.* Un tel mépris des ſuperſtitions populaires pouvait faire honneur à

Flaminius dans un Sénat, mais non au milieu d'une armée, parce que les soldats qu'on mène à la mêlée ne sont pas Philosophes.

Cependant Annibal s'avançait toujours. Arrivé dans un défilé qui se trouve entre la hauteur de Cortone & le lac de Trasimène, il y plaça une partie de ses troupes en embuscade, & rangea le reste sur une colline de difficile accès qui était à l'extrêmité du défilé. Flaminius qui poursuivait avec chaleur les déprédateurs de l'Etrurie, s'engagea dans ce chemin dangereux sans l'avoir fait reconnaître : il poussa même si loin sa confiance insensée qu'il traînait après lui des monceaux de chaînes pour en charger les mains des compagnons d'Annibal. A peine fut-il arrivé près du vallon qu'il vit ses légions assaillies de toutes parts, & il lui fut impossible de se mettre en ordre de bataille. Les Romains qui ne pouvaient se dérober à l'ennemi qu'en traversant un lac profond, ou en escaladant des montagnes inaccessibles, perdi-

fent l'efpérance fans perdre le courage;
ils ne fongèrent plus à vaincre, mais
à vendre chèrement leur vie. La mêlée
dura trois heures, & l'acharnement avec
lequel on combattit de part & d'autre,
fut tel qu'on ne fentit pas un tremble-
ment de terre qui, felon Tite-Live, ren-
verfa des Villes, détourna des fleuves, &
fit écrouler des montagnes.

Flaminius, la caufe du défaftre des
Romains, tenta en vain de le réparer à
force de courage : il fe jetta au milieu
des rangs ennemis pour ouvrir un paffage
à fes légions; mais un Gaulois Infubrien
lui porta un coup mortel de fa javeline,
& le tua. Alors la déroute fut complette.
Les uns prirent la fuite au travers des
montagnes, & fe jettèrent dans les pré-
cipices, les autres fe noyèrent dans le lac
de Trafimène. Six mille hommes feulement
fe firent jour au travers des vainqueurs;
mais la faim, dès le lendemain, les obligea
de fe rendre à Maharbal, & ils furent
faits prifonniers. Cette journée défaf-

treuſe coûta la vie au moins à quinze mille Romains. Il n'en périt que quinze cents du côté des Carthaginois. Annibal renvoya tous les priſonniers Latins ſans rançon, afin de dorer les chaînes qu'il ſe propoſait d'impoſer à l'Italie ; enſuite il ordonna qu'on cherchât le corps de Flaminius, pour lui rendre les devoirs funèbres ; mais on ne put le trouver ſur le champ de bataille.

CAMPAGNE MÉMORABLE DE FABIUS.

CE fut un coup de foudre pour Rome quand le peuple étant rassemblé dans la place publique, & le Sénat dans l'attente d'un grand évènement, le Prêteur Pomponius parut tout-à-coup à la tribune aux harangues, & dit avec le saisissement de la douleur : *Citoyens, nous avons perdu une grande bataille.* Ce peu de mots ajoutait au mal une incertitude non moins cruelle. Les Romains employèrent leur ressource ordinaire dans les grands dangers de la République. Ce fut de nommer un Dictateur ; il n'y en avait point eu depuis trente - trois ans, le choix tomba sur Fabius Maximus, qui prit Minucius pour Général de la cavalerie.

Fabius était le Général le plus circonspect de son siècle. En garde à la fois contre les hommes & contre les évènemens, il portait par-tout cette lenteur étudiée,

fruit de l'expérience & de la réflexion;
non qu'il manquât de valeur, tout Romain naiſſait valeureux : mais il aurait crû
manquer à la confiance de ſa patrie, s'il
avait expoſé ſes deſtinées à l'incertitude
d'un combat. Un pareil Dictateur était
fait évidemment pour ſauver Rome : car
dans la poſition où elle ſe trouvait auprès
du vainqueur de Traſimène, quelle autre
reſſource pouvait-il lui reſter, ſi ce n'eſt
de temporiſer ? La ſupériorité de ſes gens
de guerre ſur ceux de Carthage, qui l'avait fait triompher tant de fois, ne ſubſiſtait plus. Les Carthaginois, à force de
vaincre les Romains, étaient devenus Romains eux-mêmes. Il était donc bien plus
ſage de tenir ſans ceſſe Annibal en haleine
au milieu d'un pays ennemi, n'ayant
derrière lui que des alliés d'une fidélité
ſuſpecte, & ſéparé de Carthage par les
Alpes, qu'il ne pouvait plus franchir, ou
par une mer dont il n'avait plus l'empire.
Cette politique fut celle de Fabius, & elle
lui fit auprès des hommes d'Etat autant
d'honneur que des victoires.

Le mépris des auspices qu'avait affecté Flaminius, avait allarmé la superstition Romaine. On disait publiquement que la vengeance céleste avait plus contribué à la défaite de Trasimène, que l'épée d'Annibal. Fabius persuadé qu'il ne pouvait rétablir la confiance de ses soldats, qu'en donnant un nouvel aliment à leur crédulité, fit le vœu du *Printemps sacré*. C'est-à-dire, que le Dictateur promit au nom du peuple Romain d'immoler à Jupiter tout ce qui naîtrait parmi ses troupeaux pendant le cours du printemps ; il y joignit un autre engagement , non moins étrange ; ce fut d'employer à la célébration des grands jeux, la somme de trois cents mille trois cents trente-trois pièces de monnaie, & le tiers d'une de ces pièces. La religion Romaine croyait, avec le nombre de trois, prévenir tous les dangers, comme la philosophie de Pythagore, avec le nombre de sept , expliquer toutes les loix de la nature sur l'harmonie des mondes.

Annibal , dès les premières opérations

militaires de Fabius , s'apperçut qu'il avait affaire à un autre Général qu'à un Sempronius & à un Flaminius. Il eut recours à toutes les rufes de guerre qu'il put imaginer pour rompre un plan qui devait le perdre. Il dévafta, par exemple, le Picenum & l'Ombrie, brûlant les villes, & paffant au fil de l'épée tous les Romains en état de porter les armes. Les alliés de Rome n'étaient pas épargnés dans fes brigandages militaires. Son objet était de les aliéner d'une République qui ne faifait rien pour les défendre ; mais tous ces artifices échouèrent contre la prudence de Fabius. Il fe contenta d'obferver tous les mouvemens de l'armée Carthaginoife , de lui couper les vivres, de la harceler dans fes marches ; il n'afpirait qu'à la gloire peu brillante , mais fûre, d'être le bouclier de la République.

Toute l'antiquité s'eft réunie à vanter cette campagne mémorable de Fabius , & elle a eu raifon fans doute ; mais ce qui lui a échappé , c'eft un retour philofophique

fur

fur le défaftre de l'Italie , que la politique engageait Annibal à faire naître,
& Fabius à ne pas venger. Quand le la-
boureur qui n'eft jamais en guerre avec
perfonne, fe voyait arracher la dernière
gerbe de bled qui fervait à fa fubfiftance ;
quand le citoyen d'une ville neutre voyait
embrâfer le toit paifible qui l'avait vu
naître ; quand on apportait à une mère
tendre le cadavre fanglant de fon fils,
qui n'avait d'autre crime que d'être né
au fiècle d'Annibal , était-ce donc un dé-
dommagement à la douleur de tant d'infortunés, que de leur dire, que l'intérêt
de Carthage était d'être barbare , &
celui de Rome, de ne point punir la barbarie ?

Il fallait , ainfi que nous l'avons déjà
obfervé ailleurs , beaucoup de grandeur
d'ame, pour ne pas envelopper alors dans
le même anathême, les vainqueurs & les
vaincus ; les brigands qui changeaient l'I-
talie en déferts ; la patrie armée , qui ne
défendait ni fes enfans ni fes alliés , &

le Ciel même qui ne déployait son pouvoir que comme le génie du mal, en éclairant des scènes de destruction.

Cependant la circonspection de Fabius mettait Annibal dans le plus grand danger. Ce conquérant était la terreur de l'Italie; mais sa domination n'y avait qu'une base de sable; il ne régnait que sur des hameaux ruinés & déserts, pas une seule ville considérable ne s'était déclarée pour lui, il venait tout récemment de tenter de prendre Spolete d'assaut, & la valeur des habitans l'avait obligé d'en lever le siège. Son existence fugitive n'était que dans les campagnes qu'il dévastait ; c'était un torrent impétueux, qui se répandait par-tout, & qui n'avait de lit nulle part.

La fortune d'Annibal sembla le tirer un moment de ce mauvais pas. Il trouva dans le camp même de Fabius, un homme puissant qui, sans le savoir, travaillait pour sa gloire. Cet homme puissant était Minucius, le Général de la cavalerie, qui murmurait de voir sa bravoure & celle des foldats enchaînée par la circonfpection du Dictateur, circonfpection, au refte, dont les fruits ne devaient fe faire fentir qu'à la fin de la campagne. Ses murmures commencèrent par des railleries. Quand il voyait les Romains campés fur la cîme des montagnes, il difait, que *Fabius choififfait, au moins très-heureufement, fes points de vue ; qu'on en découvrait mieux le fpectacle de l'incendie des villes, & du ravage des campagnes.* Une autrefois il ajoutait, que *le Dictateur prenait de fages mefures pour n'être point battu : qu'affurément Annibal ne viendrait pas le chercher au milieu des nuages.* Fabius favait tout cela, & il ne fe vengeait pas, mais uniquement par grandeur d'ame, parce qu'il avait tout pouvoir de fe venger.

Parmi les officiers que les bravades de Minucius écartaient de la difcipline militaire, fe trouvait le jeune Mancinus, homme brave, mais qui croyait qu'en préfence du guerrier le plus confommé, la bravoure fuppléait à tout. Fabius l'envoya avec quatre cents chevaux, non pour combattre Annibal ; mais pour aller à la découverte de la route qu'il voulait faire prendre à son armée. Au sortir du camp, l'ami de Minucius rencontra quelques cavaliers Numides, qui dévastaient la campagne, il fondit sur eux, & en tua un petit nombre. Ceux-ci, instruits dans toutes les ruses Carthaginoises, tantôt en rallentissant leur fuite simulée, tantôt en la précipitant, attirèrent les Romains jusqu'à la vue des retranchemens d'Annibal. Carthalon, qui commandait la cavalerie, sort à l'instant, taillé en pièces les quatre cents chevaux, & Mancinus, lui-même, tombe mort sur le champ de bataille.

Ce malheur ne corrigea pas Minucius de sa présomption ; l'orgueil ne se guérit d'ordinaire, que par les humiliations personnelles. Le Général de la cavalerie continua à calomnier auprès des soldats la sage circonspection de Fabius ; mais enfin celui-ci était Dictateur, & l'appareil du pouvoir suprême, en inspirant une juste terreur, bornait à de vains murmures la désobéissance de Minucius.

Annibal, outré de ce que sa proie lui échappait, voulut punir Fabius en le rendant odieux aux Romains. Au milieu de ses dévastations, ayant appris par des transfuges que la terre où il campait, appartenait au Dictateur, il ordonna à ses soldats de la respecter ; ce qui tendait à faire soupçonner le héros d'intelligence avec les ennemis de sa République ; Fabius se justifia en Romain. On avait fait quelque temps auparavant un traité de rachat, & le Sénat s'empressait peu de l'exécuter. Ce grand homme calomnié, las de solliciter la rançon des Citoyens pris à Trasimène, fit vendre cette terre même qu'Annibal avait épargnée, & de l'argent qu'il en tira, il racheta à ses dépens les prisonniers de la République.

Cependant la saison s'avançait, & Annibal se voyait dans la triste nécessité de passer l'hiver entre les rochers de Formies

& les marais affreux de Linterne, à moins qu'il ne repaſsât les défilés par où il était venu dans les plaines de Capoue; alternative terrible, & dont ſa longue expérience lui faiſait ſentir le double danger. Après de longues perplexités, il s'arrêta à ce dernier parti, & déjà ſon armée commençait à ſe mettre en marche, quand on lui annonça que l'entrée des défilés était occupée par quatre mille hommes, & que Fabius, poſté ſur une colline voiſine, protégeait ſon détachement avec toutes ſes légions. Le conquérant ſe tira du danger par un ſtratagême.

On choiſit par ſon ordre dans le butin, deux mille taureaux des plus robuſtes, & on attacha à leurs cornes des fagots de ſarment. Aſdrubal fut chargé d'y mettre le feu à l'entrée de la nuit & de chaſſer ces animaux vers les hauteurs, ſur-tout du côté du défilé dont les Romains étaient les maîtres. Ces meſures priſes, les Carthaginois décampèrent en ſilence. Cependant les taureaux effrayés d'abord par la

flamme qu'ils portaient fur leurs têtes, &
devenus enfuite furieux par la douleur
qu'ils reffentaient, fe répandirent dans
les bois & y mirent le feu. Les Romains
qui gardaient le défilé, ignorant le principe de cet incendie qui paraiffait les envelopper, fe crurent inveftis par l'ennemi
& abandonnèrent leur pofte : Fabius un
peu moins crédule, mais toujours en
garde contre les rufes Carthaginoifes, ne
voulut point fortir de fes retranchemens
au milieu des ténèbres, & à la pointe
du jour quand il s'approcha du défilé, il
apprit qu'Annibal lui avait échappé.

Sur ces entrefaites, le Dictateur fut rappellé à Rome pour quelques cérémonies
de religion, & il ordonna à Minucius
de ne point combattre pendant fon abfence; celui-ci promit tout, dans le deffein de ne rien tenir. En effet, à peine
fe vit-il feul maître de l'armée qu'il
alla chercher Annibal; il y eut une action fanglante, où fix mille hommes furent
tués du côté des Carthaginois, & feulement

cinq mille du côté des Romains. Ce faible avantage parut à Minucius une victoire digne d'effacer la journée de Trafimène, & il écrivit des lettres faftueufes au Sénat, où il laiffait entendre qu'il était le génie tutelaire de la République. Rome, qui jufqu'à ce moment n'avait effuyé que des défaftres de la part d'Annibal, crut aifément ce qu'elle defirait; elle céda à une cabale puiffante, qui avait pour chef apparent un Tribun du peuple, & pour agent fecret, ce même Varron, dont la journée de Cannes va bientôt déceler l'inexpérience ; & par un décrèt jufqu'alors fans exemple, elle partagea le pouvoir fuprême entre le Dictateur & fon Général de la cavalerie.

Fabius revenait auprès de fes légions quand il apprit ce décrèt étrange. Mais il favait bien qu'une multitude aveugle qui partage le pouvoir de commander, ne partage pas de même le génie du commandement ; toujours ferme dans fes principes, également grand dans fes difgraces,

il continua fa route fans murmurer, bien
réfolu à veiller fur fon rival, à l'éclairer
fur les vrais intérêts de la patrie, & à
fe venger de lui en réparant fes fautes.

Minucius qui avait cabalé avec baffeffe,
triompha avec infolence : à fa première
rencontre avec Fabius, il lui dit avec hauteur, qu'il fallait déterminer fous quelle
forme fe ferait entr'eux le partage du pouvoir ; &, fans attendre fa réponfe, il
donna le premier fon avis, & déclara que
le meilleur parti était de commander tour-
à-tour un jour entier les légions. Le Dictateur prévit que tout ce qui ferait abandonné à la témérité de fon collègue, ferait
perdu pour la patrie, & voulant laiffer,
en cas de défaftre, une reffource à la République, il dit qu'il confentait au partage
des légions, mais non à l'exercice alter-
natif du commandement. Cette réponfe
fut faite avec fermeté, & il fallut y déférer.
A l'inftant l'armée fut féparée en deux
divifions ; Minucius voulut avoir fon camp
à part, & alla fe pofter dans la plaine,

tandis que Fabius veillait fur lui, fur Annibal & fur Rome, du haut des montagnes.

Annibal, inftruit de tout par les tranf-fuges, fourit de joie fur la proie qui venait fe jetter d'elle-même dans fes filets. La plaine, à la voir de loin, femblait toute unie, parfaitement découverte & peu propre par-là à y dreffer des embufcades; mais le héros de Carthage, qui l'avait parcourue lui-même, y avait obfervé des ravins, des coupures & des cavités affez profondes pour cacher chacune jufqu'à deux cents hommes. Il y jette la nuit cinq mille fantaffins & cinq cents chevaux; & pour que la rufe ne fût point éventée par les partis ennemis qui allaient au fourage, dès la pointe du jour il fait infulter les légions de Minucius, pour les attirer à une action générale. Le ftratagême réuffit; les Romains fe répandent dans la plaine, &, bientôt enveloppés de toutes part, ils allaient être taillés en pièces, quand Fabius parut à la tête de fa divi-

fion. Mes amis, dit-il à fes foldats : *Ré-*
parons un défaftre que nous n'avons pu pré-
venir : allons arracher la victoire à Annibal,
& à Minucius l'aveu de fon imprudence : à ces
mots, il s'avance avec fierté & reçoit les
légions vaincues fous fes drapeaux. Annibal ne jugea pas à propos de recom-
mencer le combat contre des troupes fraî-
ches & commandées par un Général digne
de fe mefurer avec lui, & il fit fonner
la retraite.

Annibal, en fe retirant, ne diffimula
pas que s'il avait vaincu Minucius, Fabius
l'avait empêché d'ufer de fa victoire ;
& il ajouta en plaifantant, que *cette nue*
terrible qui avoit coutume d'envelopper la
hauteur, avoit vomi enfin fur la plaine,
l'orage qu'elle renfermait dans fon fein.

Dans les Gouvernemens abfolus, les
fautes des hommes d'État font perdues
pour leur poftérité. Dans une République
telle que Rome, elles le font à peine pour
ceux qui les ont faites. Minucius, éclairé
par fon défaftre, & non moins généreux

que son libérateur, se jette à ses genoux, abdique le pouvoir suprême qu'on a eu la témérité de lui confier, & le prie d'être désormais son guide, son oracle & son maître. Fabius satisfait, embrasse son rival sans l'humilier, par l'éclat indiscret d'un pardon, & il revient triomphant à Rome, où il abdique la Dictature.

BATAILLE DE CANNES.

LA campagne de Fabius fit faire des réflexions à Annibal : peu tranquille fur des alliés qu'il ne devait qu'à la terreur qu'il infpirait, il fongea à fe fortifier dans un pays que fa renommée feule tenait fous fa dépendance. Obfervant qu'une défaite pouvait lui arracher le fruit de vingt victoires, il fe ménagea des reffources dans l'avenir, & au lieu de détruire les villes, il en fit des places de retraite. C'eft ainfi qu'il mit garnifon dans la citadelle de Cannes, qui le faifait dominer fur l'Apulie entière.

Rome, de fon côté, ne s'endormait pas fur le fuccès de fon fyftême de réfiftance. Ses Magiftrats redoublèrent de vigilance pour empêcher fes ennemis fecrets de fe réunir à fes ennemis publics. C'eft à cette époque qu'on découvrit dans la ville un efpion de Carthage, qui y était

caché depuis deux ans, & qui n'avait point
été inutile au souverain, peu délicat, qui
payait ses ignobles services. Le Sénat lui
fit couper les mains & le renvoya à Annibal.

Dans le même temps on découvrit une
conspiration tramée au champ de Mars,
par vingt cinq esclaves, qui voulaient livrer la ville au héros de Carthage ; une
trame ourdie par des hommes aussi vils,
parut peu dangereuse ; cependant on envoya les vingt-cinq coupables au supplice.

La République tourna ensuite toute son
attention du côté de la guerre. Annibal lui
parut, par son génie, si supérieur à tous
les Héros dont jusqu'alors elle avait
triomphé, qu'elle ne crut pouvoir le
vaincre qu'en doublant ses forces. Ses légions, jusqu'à ce moment, n'avaient été
composées que de quatre mille hommes
de pied & de deux cents chevaux : elle
ajouta à la cavalerie cent hommes & mille
à l'infanterie : au lieu de lever quatre légions, elle en forma huit. Les troupes

auxiliaires furent augmentées à proportion; de sorte que l'armée qu'on opposa au vainqueur de Flaminius, se trouva de quatre-vingt mille fantassins & d'environ sept mille chevaux.

Il manquait à cette masse énorme une tête pour la faire mouvoir, & ici la prudence Romaine parut en défaut; il n'y avait alors dans la République, de Capitaine digne d'Annibal, que Fabius, à qui sa campagne mémorable avait fait donner le surnom de *Temporiseur* ; Marcellus qui devait un jour conquérir Syracuse sur le génie d'Archimède, & Scipion destiné à sceller dans les champs de Zama la supériorité de Rome sur Carthage. Aucun de ces hommes supérieurs ne fut mis à la tête de la grande armée. Le crédit du premier cessa le jour où il abdiqua la Dictature ; on envoya l'autre en qualité de Préteur en Sicile, & le génie du jeune Scipion ne fut pas deviné.

Tous les hommes d'Etat, effrayés du danger où Rome se trouvait, avaient les yeux ouverts sur les Consuls qu'on allait nommer; mais comme la crise n'était pas encore assez forte pour réunir tous les esprits, ce fut une faction populaire qui en détermina le choix. Nous avons vu dans l'Histoire de la campagne de Fabius, un Varron, l'ame de l'intrigue, qui fit partager le pouvoir suprême entre le Dictateur & son Général de la cavalerie. Ce Varron, né dans la classe la plus obscure des Plébeyens, (l'histoire le dit fils d'un Boucher) était un de ces hommes que l'audace sans talens, a tirés de la poussière, & qui se croyent le génie pour commander, parce que le hasard les a élevés au commandement : fier d'avoir fait faire au peuple, dans l'affaire de Fabius, une démarche inconsidérée, qui fut sur le point de livrer Rome à Annibal, il eut l'audace, quand ce grand homme se démit de la Dictature, de demander à la Nation assemblée, la récompense de son zèle aveugle pour Minucius ; & ce qui est encore plus étrange, on la lui accorda. Rome au lieu de le punir, le fit Conful ; l'efprit de vertige répandu fur la multitude était tel, qu'il l'emporta fur cinq concurrens, dont trois étaient de la première nobleffe, & les deux autres, quoique de maifon Plébeyens, avaient été décorés des plus hautes Magiftratures.

Le Collègue qu'on donna à Varron, fut Paulus Emilius, (qu'il ne faut pas confondre avec le célèbre Paul Emile) ; c'était un homme de bien qui avait d'excellentes vues, mais faible & fans caractère : l'argile de fon ame fe modifiait au gré de ceux qui prennient la peine de la dominer. Sa nomination & celle de Varron parvinrent bientôt aux oreilles d'Annibal. Ce grand Capitaine vit dèslors qu'il n'avait plus de Fabius à combattre, & il attendit de fon génie & de fon étoile, la conquête de l'Italie.

Varron, au commencement de fon Confulat, ne démentit point les préfages finiftres fous lefquels il avait été nommé Chef de la Nation. Il parla plufieurs fois

au peuple assemblé avec une arrogance,
que Flaminius lui-même n'aurait pas osé
se permettre. Il assurait que la noblesse
avait attiré les Carthaginois en Italie, que
cette guerre qui lui était utile, durerait
tant que des hommes de la trempe de
Fabius, seraient à la tête des armées, mais
que pour lui, il la terminerait le jour
même où il se verrait en présence d'Annibal. La noblesse gémit, mais en silence;
elle n'osait faire éclater ses murmures,
dans la crainte que le peuple, obsédé par ses
Tribuns, ne l'accusât de voiler, sous le
beau nom de patriotisme, ses idées de
vengeance.

Fabius qui ne pouvait plus servir la patrie que par ses discours, vint voir alors
Emilius, & tint à ce Consul un discours
très-sage, mais qui ferait plus d'effet, si Tite-
Live, deux siècles après, ne lui avait pas
donné une forme oratoire qui en détruit,
soit l'énergie, soit la vérité. « Si on t'avait
» donné, mon cher Emilius, un Collègue
» qui te ressemblât, ce qui flatterait in-

» finiment la Nation que tu vas gou-
» verner, ou que tu reſſemblâs toi-même
» à ton Collègue, je ne prendrais pas la
» peine de t'entretenir : deux bons Conſuls
» ſerviraient la patrie ſans mes avis, &
» deux mauvais rougiraient ſeulement de
» m'entendre ; mais le génie & l'amour
» du bien public, ont mis un intervalle
» immenſe entre Varron & toi, & la
» poſition difficile où tu vas te trouver,
» m'autoriſe à t'offrir le ſervice de mes
» faibles lumières.

» Ne t'y trompes pas, mon cher Emi-
» lius, tu dois t'attendre que Varron va
» ſervir la haine Carthaginoiſe, encore
» plus que l'épée d'Annibal ; je ne ſais
» pas même ſi ton Collègue, à cet égard,
» ne contrariera pas ton génie plus que
» l'ennemi de Rome : car tu le rencon-
» treras par-tout, au lieu que le Général
» de Carthage ne ſe préſentera à toi que
» ſur le champ de bataille ; tu trouveras
» contre Annibal du ſecours dans tes lé-
» gions, & c'eſt par tes légions mêmes

» que Varron ofera t'attaquer. Nous fa-
» vons combien la témérité de Flami-
» nius a déjà coûté de fang & de pleurs
» à la République : fi Varron, digne
» élève de ce Conful préfomptueux, livre
» bataille, dès qu'il fera en préfence de
» l'ennemi, ou la théorie de l'art mili-
» taire m'eft totalement inconnue, ou il y
» aura bientôt, dans l'Italie, un lieu plus
» célèbre encore par notre défaite, que
» le lac de Trafimène.

» Ne jugeons pas par l'évènement,
» (c'eft le maître des efprits faibles) mais
» par cette raifon immuable, dont per-
» fonne ne peut éluder les oracles : com-
» bien de motifs n'avons-nous pas pour
» temporifer ? Nous faifons la guerre au
» milieu de l'Italie, environnés de nos
» Citoyens & de nos Alliés, sûrs de leur
» zèle & de leurs fervices. Annibal au
» contraire fe trouve dans un pays en-
» nemi, féparé de fa patrie par un long
» intervalle de terre & de mers ; il eft
» en guerre avec tout ce qui l'environne :

» aucune ville ne daigne le recevoir dans
» ſes remparts; à peine a-t-il le tiers de
» l'armée avec laquelle il a paſſé l'Hèbre;
» & ce reſte des conquérans de l'Eſpagne,
» tout faible qu'il eſt, il ne ſait plus com-
» ment le faire ſubſiſter. Le tenir ſans
» ceſſe en échec, éluder tous ſes efforts
» en reſtant ſans ceſſe ſur la défenſive,
» eſt donc le plan le plus ſage pour le
» ruiner, ſans expoſer un ſang que nos
» dernières défaites ont rendu ſi précieux
» à la République.

» Je ſais que tu auras à combattre les
» ruſes d'Annibal, & ce qui eſt plus ter-
» rible encore, le génie inquiet & pré-
» ſomptueux de Varron; mais tu triom-
» pheras de tous deux, ſi tu ſais mépriſer
» les diſcours des hommes qui ne te valent
» pas, & leurs vaines opinions; laiſſe qua-
» lifier ta prudence de timidité, ta cir-
» conſpection de lenteur, ton expérience
» militaire d'incapacité: il vaut mieux
» être redouté d'un ſage ennemi, que
» loué d'un Citoyen qui ne l'eſt pas.

» Au reste, je ne prétends pas que les
» légions Romaines restent sans cesse dans
» l'inaction ; le grand art est de maîtriser
» les évènemens, de ne laisser jamais sa
» vigilance en défaut , & en ne four-
» nissant point à l'ennemi d'occasion de
» nous surprendre, de n'en laisser échap-
» per aucune , de le combattre avec
» avantage. »

Rien de plus sage que ce discours que
Tite-Live fut assez grand homme de
guerre pour écrire, mais que Fabius n'eut
sûrement pas l'esprit de prononcer. Malheureusement Emilius, avec les vues les
plus droites & le patriotisme le plus dé-
sintéressé , n'avait pas la force d'avoir un
avis à lui ; ou, quand par hasard on en
ouvrait un qui fut utile, de le soutenir
avec quelque vigueur. Sa faiblesse con-
tribua presqu'autant que la témérité de
son Collègue , au désastre de la République.

Dès les premiers jours que les deux
armées furent en présence, Varron tomba

à demi dans un piège, que le rusé Carthaginois sut lui tendre. Ce dernier ayait -posté son armée dans les montagnes contre lesquelles il avait appuyé ses retranchemens; & son camp vuide, mais rempli d'argent & de bagages, annonçait tout le désordre d'une fuite précipitée. Annibal avait un prétexte pour cette fuite simulée : la veille, dans une rencontre tumultuaire, dix-sept cents de ses soldats avaient été passés au fil de l'épée, tandis que cent hommes seulement du côté des Romains étaient restés sur la place. Varron, encouragé par ce succès, ne manqua pas de commander à ses légions le pillage du camp ennemi. Heureusement l'autre Consul, qui se défiait des rufes d'Annibal, fit naître des délais. Dans l'intervalle, deux transfuges vinrent annoncer que l'ennemi, caché dans les gorges des montagnes, n'attendait qu'un signal pour tomber fur les déprédateurs, & l'armée Romaine fut sauvée pour cette fois.

Annibal rentra un peu confus dans son

camp ; car il n'avait d'autres reſſources que la témérité de l'ennemi qu'il avait à combattre ; il manquait à la fois de vivres & d'argent ; ſes ſoldats commençaient à murmurer. Les Eſpagnols ſongaient à le trahir ; on dit même qu'il délibéra plus d'une fois s'il ne ſe retirerait pas en Gaule avec ſa cavalerie, abandonnant à ſa deſtinée ſon infanterie, qu'il n'était plus en état d'entretenir. Telle était ſa poſition terrible, quand l'ennemi, dont il avait juré la ruine, vint être ſon libérateur.

Les Carthaginois poſtés dans une plaine qu'arroſe l'Aufide, (aujourd'hui l'Ofanto) préſentèrent la bataille à Emilius, qui commandait ce jour-là, & ce fut vainement ; mais le lendemain, Varron qui ſe trouvait à ſon tour à la tête des légions, voyant ſon camp inſulté par un eſcadron de Numides, crut qu'il était de la majeſté du nom Romain de repouſſer leurs attaques. Les ruſés Africains ſe débandèrent : on les pourſuivit ; peu-à-peu l'action

générale s'engagea, & voilà la fameufe
bataille de Cannes.

Annibal qui ne négligeait aucun des
avantages que pouvaient lui offrir & la
nature & fon génie, voyant s'élever le
vent Vulturne, qui forme dans les plaines
arides de l'Italie d'affreux tourbillons de
pouffière, fe pofta de façon que les Romains, pendant la mêlée, l'auraient fans
ceffe devant les yeux. Ce grand homme
de guerre fe procura auffi l'avantage du
foleil qui donnait obliquement fur les
deux armées.

Les Carthaginois, au nombre de quarante mille hommes d'infanterie, & de dix
mille de cavalerie, fe déployèrent aifément
dans la plaine. Maharbal conduifait l'aîle
droite, Afdrubal la gauche, & Annibal
au centre de l'armée, en dirigeait tous
les mouvemens. Le Général expérimenté
avait eu foin de placer les Numides & les
troupes de Carthage dans les deux aîles,
de manière que les Gaulois & les Efpagnols, dont la fidélité pouvait lui être

suspecte, se trouvant enfermés par les Africains, étaient obligés de vaincre ou de périr. Ces Africains qui faisaient la force de l'armée d'Annibal, couverts des armures qu'ils avaient gagnées à la Trébie & à Trasimène, ressemblaient à des Romains ; & ce qui n'est pas moins extraordinaire, avec leurs habits, ils avaient leur courage.

L'armée Romaine formait, en comptant les Alliés, un corps de quatre-vingt mille hommes de pied, & d'un peu plus de six mille chevaux. Varron, dès la pointe du jour, leur fit passer l'Aufide, & les rangea en bataille. Toute l'infanterie était sur une seule ligne, mais ayant plus de profondeur que la Tactique Romaine ne semblait l'autoriser ; on plaça la cavalerie sur les deux aîles, & les soldats, armés à la légère, à quelque distance du front de bataille. Varron se réserva de diriger les manœuvres de l'aîle gauche, Emilius celle de la droite, & le centre fut confié à la vigilance de Servilius Ge-

minus, un des Confuls de l'année précédente.

Quand les deux armées ainfi en préfence purent fe mefurer des yeux, celle
des Carthaginois, inférieure de la moitié,
ne fut pas fans inquiétude. Les Officiers
eux-mêmes partageaient à cet égard les
allarmes de la multitude. *Quelle maffe
énorme de foldats Romains, difait Gifcon,
l'œil a peine à en embraffer l'étendue. — Tu
as raifon, répond Annibal; mais ce qui
n'eft pas moins merveilleux, quoique tu
ne le remarques pas, c'eft que dans cette
maffe énorme de foldats il n'y en a pas un
feul qui fe nomme Gifcon comme toi.* Cette
mauvaife plaifanterie, qui n'annonçait
que le fang-froid d'Annibal, paffa de bouche en bouche, & la terreur fe diffipa.

Tite-Live a confacré plufieurs pages de
fon Hiftoire au tableau des évolutions des
deux armées, dans cette journée mémorable; mais il y règne une obfcurité profonde, que tout le bon fens de Polybe &
tout l'efprit de fon Commentateur Folard

peuvent à peine diſſiper. Heureuſement, l'Inſtituteur célèbre de l'Infant de Parme, à force de recherches & d'ingénieuſes conjectures, a trouvé le moyen d'en préſenter le tableau avec autant de netteté que de préciſion, & il vaut encore mieux le tranſcrire que le refaire.

« Après avoir rangé toutes ſes troupes
» ſur une même ligne, Annibal marche
» à l'ennemi, à la tête de l'infanterie
» Eſpagnole & Gauloiſe qui occupait le
» centre, & qui doublant le pas, ſe dé-
» tachait des aîles, & préſentait aux Ro-
» mains le convexe d'un croiſſant. Il y
» avait deux raiſons dans ce mouvement:
» l'une de tendre un piège à l'ennemi,
» l'autre, d'éviter que le combat fût gé-
» néral dès le premier choc. Annibal
» voulait attirer au centre l'effort des com-
» battans. Ce fut auſſi par-là que l'action
» commença.

» Les Eſpagnols & les Gaulois tiennent
» d'abord ferme; bientôt ils cèdent, ſe
» replient, reculent au-delà de l'éloigne-

» ment de leurs aîles, & préfentent à
» l'ennemi le concave du croiffant. Si
» Varron, au lieu de vouloir charger ces
» troupes qui reculaient, eût engagé le
» combat aux deux aîles, & arrêté fon
» centre fur l'alignement des fiennes, la
» rufe d'Annibal tournait contre lui-
» même ; mais au contraire, pendant que
» fon centre s'engage, il jette de nou-
» velles troupes dans le piège qu'on lui
» tend, & il y pouffe infenfiblement toute
» fon infanterie. Alors les Africains,
» dont Annibal avait formé fes deux
» aîles, fe replient, l'aîle droite à gauche,
» & l'aîle gauche à droite, & l'infanterie
» Romaine, attaquée par les flancs, s'em-
» barraffe d'autant plus qu'elle eft plus
» nombreufe, & qu'il lui refte moins de
» terrain pour fe déployer.

» Bientôt la cavalerie des Romains eft
» mife en déroute ; tandis que les Nu-
» mides la pourfuivent, la cavalerie Ef-
» pagnole & Gauloife prend en queuë
» les légions, & les taille en pièces : de

» ce moment, le combat cesse, & fait
» place au carnage. »

Dès le commencement de l'action, le
Consul Emilius avait été dangereusement
blessé d'un coup de fronde, ce qui ne
l'empêchait pas de se porter par-tout où
sa présence était nécessaire, & de tenter,
pour rétablir le combat, de donner à ses
soldats une espérance qu'il n'avait pas lui-
même. Enfin la noblesse Romaine qui le
couvrait, voyant qu'il perdait ses forces
avec son sang, le descendit de son cheval,
& s'empressa à le secourir. En ce moment,
la plaine était couverte de Romains qui
fuyaient en désordre, & d'ennemis qui
les poursuivaient avec acharnement. Le
Tribun militaire Lentulus, entraîné par
les cohortes qu'il commandait, passe par
hasard auprès d'Emilius, & il voit son
Général assis sur une pierre tout couvert
de son sang & de celui des ennemis, &
élevant encore une voix mourante, pour
montrer les Carthaginois à ses soldats
qui l'abandonnaient. Ce spectacle l'émeut,

il s'approche, & veut faire monter le Conful fur fon propre cheval pour le dé-rober à la mort ou à l'efclavage. *Non, répond l'illuftre mourant, ma dernière heure s'approche : ne perds point, par une générofité qui te nuirait fans me conferver la vie, le peu de temps qui te refte pour tromper l'efpoir d'Annibal : vas, Rome n'eft pas encore perdue, puifqu'il lui refte des Héros tel que toi.* Pendant ce combat de grandeur d'ame, un corps de Nu-mides s'approche, & perce le Conful de traits fans le connoître. Pour Lentulus, il fe fauva à la faveur du tumulte, & la vîteffe de fon cheval le déroba au danger.

La journée de Cannes fut, avec celle d'Allia, la défaite la plus défaftreufe que Rome eût effuyée depuis qu'elle avait eu le courage de s'ériger en République. Polybe dit que foixante & dix mille hommes périrent fur lechamp de bataille ; de ce nombre, furent le Collègue infor-tuné de Varron, Servilius, le Conful de

l'année précédente, Minucius, le Général de la cavalerie fous Fabius, vingt-
un Tribuns militaires & quatre-vingt
Sénateurs. Le nombre des Chevaliers Romains qu'on maſſacra fut ſi grand, qu'Annibal envoya à Carthage trois boiſſeaux
pleins des anneaux qu'on leur avait arra-
chés & qui les diſtinguaient du reſte du
peuple. Les Carthaginois, acharnés contre
un ennemi fuperbe, qui *les* menaçait
encore, en tombant fous leurs coups, ne
cefsèrent le carnage que lorfqu'Annibal
parcourant cette plaine jonchée de cadavres, fe fut écrié plufieurs fois: *Arrête,
foldat, épargne le vaincu.* Ce grand homme
ne perdit dans la mêlée que quatre mille
Gaulois, quinze cents Efpagnols ou Africains & deux cents chevaux.

Les dix mille fantaffins qui reftaient
de l'armée Romaine fe rendirent prifonniers fans combattre, & il ne refta de la
cavalerie que foixante & dix hommes qui
fe fauvèrent à Venoufe avec Varron.

Ce fut un terrible fpectacle, même

pour

pour des yeux Carthaginois, que l'aſpect
du champ de bataille, le lendemain de la
journée de Cannes. Quelques Romains,
que le froid du matin avait réveillés de
leur aſſoupiſſement en rendant leurs bleſſures plus ſenſibles, faiſaient effort de
leurs mains mutilées pour s'arracher du
ſein des morts. D'autres creuſaient péniblement des ouvertures dans la fange où
ils étaient arrêtés, & y enfonçaient la
tête, s'ôtant la reſpiration, pour hâter
la fin de leurs tourmens : on en trouva
à qui le vainqueur, la veille, avait coupé
les jarrets, & qui découvrant leur gorge,
invitaient les Carthaginois à la leur ouvrir & à boire le peu de ſang qui coulait
encore dans leurs veines. A l'extrêmité de
la plaine, un grouppe bien plus affreux
attira l'attention : c'était un Numide encore vivant, étendu ſur un Romain qui
venait d'expirer. Il avait le nez arraché,
les oreilles en lambeaux, & la tête toute
en ſang. Le Romain tombé ſous ſon ennemi, & ne pouvant faire uſage ni de ſes

mains , ni de son épée , avait eu recours aux armes des tigres , & était mort en déchirant le Numide avec ses dents. Détournons nos regards de ces scènes de Cannibales , que le patriotisme de Rome a été condamné à louer , & qu'une Philosophie sensible & vertueuse flétrit à jamais au tribunal de l'humanité.

Annibal fit mettre sur un bûcher les corps de ses soldats ; mais l'Histoire ne dit pas qu'il se soit piqué de quelque générosité envers les cadavres de ces soixante & dix mille Romains répandus sur le champ de bataille ; il laissa s'exhaler de ce foyer de destruction, des miasmes pestilentiels qui allaient punir les vainqueurs de leur froide barbarie. Le corps du Consul Emilius eut seul une distinction honorable pour sa valeur, & l'ennemi lui fit rendre les honneurs funèbres.

Il semblait qu'après un pareil désastre, les destinées de Rome ne tenaient plus qu'à un fil. Annibal délibéra avec ses Capitaines sur la suite des opérations de cette campagne. *Qu'attens-tu*, dit l'impétueux Maharbal, *marchons à Rome, dans trois jours je te fais préparer à dîner au Capitole.* Annibal loua son zèle, & prit d'autres mesures. *Je vois bien, s'écria Maharbal, que les Dieux n'ont pas donné au même Héros tous les talens à la fois. Annibal, tu fais vaincre, mais tu ne fais pas profiter de la victoire.*

Ce mot de Maharbal, célèbre dans l'antiquité, semble avoir fixé le jugement des siècles : on s'est réuni à regarder le vainqueur de Cannes comme inexcufable de n'être pas parti le lendemain de fa victoire pour aller faire le fiège de Rome. On a été jufqu'à rendre fa mémoire refponfable des victoires de Scipion & du fac de Carthage.

Ne nous hâtons pas de faire ainfi le procès à un Héros qui, en domptant le premier les Alpes, a lavé à jamais fa mémoire du foupçon de puffillanimité. A bien examiner les faits, il pourrait bien avoir raifon, & contre Maharbal, fi peu fait pour le juger, & contre la poſtérité, qui ne s'eſt permis que de répéter, & non de peſer le jugement de Maharbal.

Annibal, outre les ſix mille hommes qu'il avait perdus ſur le champ de bataille, avait un bien plus grand nombre de ſoldats encore qui languiſſaient dans leurs tentes, couverts de bleſſures. Pouvait-il eſpérer, avec environ trente mille hommes en état d'agir, de faire le ſiège d'une Ville immenſe, coupée par un fleuve, & ſituée dans un pays hériſſé de fortereſſes.

Il fallait des machines pour faire le ſiège des remparts, & le Héros n'en avait point ; il avait laiſſé dans Sagonte tout cet appareil, qui n'eſt fait que pour retarder la marche des conquérans. Il était ſi peu en état de prendre une Ville d'aſſaut, qu'après la journée de Traſimène, ayant voulu s'emparer de la petite place de Spolète, il avait été contraint d'abandonner les lignes de circonvallation tracées autour de ſes remparts. Or, l'armée

qui avait échouée devant Spolète, pou-
vait-elle fe flatter de s'emparer du
Capitole ?

Quant à Rome, on peut juger fi la terreur
en aurait ouvert les portes à l'armée Carthaginoife, puifqu'elle ne defcendit jamais à demander la paix à fes vainqueurs ;
puifque fes Citoyens fe voyant fans armes,
allèrent arracher, des voûtes des Temples, les vieux rrophées militaires qu'on
avait enlevés aux foldats de Brennus ;
puifque fon Sénat même vint au-devant
de Varron, fugitif, pour le remercier
de n'avoir point défefpéré du falut de la
République.

Annibal, qui dans le cours de fes
premiers exploits, n'avait pas voulu
bercer fa patrie de faibles efpérances,
avait attendu jufqu'à la bataille de Trafimène, à lui faire part de fes exploits.
Celle de Cannes paraiffant le rendre
l'arbitre de l'Italie, il envoya un courier en Afrique, qui échauffa tellement
les efprits, que dans le premier mo-

ment d'enthousiasme, des Sénateurs de
Carthage commencèrent à briguer l'hon-
neur de commander un jour dans le
Capitole.

CONSTERNATION DE ROME. SON COURAGE. TRAITS DE PATRIO-TISME.

Ce fut par les défis infultans des Carthaginois, que Rome apprit la nouvelle
du défaftre de Cannes. La confternation
fut générale ; mais il y eut de la variété
dans les fignes qui la manifeftèrent. Les
femmes éplorées parcouraient les places
publiques, s'arrachant les cheveux, & fe
meurtriffant le fein ; les hommes, plus
tranquilles en apparence, mais en proie
à une douleur concentrée qui n'attendait
que le moment de l'explofion, reftaient
dans le filence morne, mais terrible du
défefpoir. Pour les Membres du Sénat &
les Chefs de la nobleffe, ils donnaient à
leurs Concitoyens des efpérances qu'eux-
mêmes n'avaient pas ; ils exagéraient les
reffources de la République, & mon-
traient la patrie debout au milieu de

ſes ruines, comme ce cèdre qui étale encore l'orgueil de ſa tige, quand la foudre a frappé ſes racines.

Le Sénat aſſemblé, prit des meſures pour prévenir, dans l'intérieur de la Ville, le découragement des Citoyens qui pouvaient encore la défendre. Il fut défendu aux femmes de paraître en public, pour ne point affaiſſer les eſprits par le ſpectacle déchirant de leur déſeſpoir. On chargea d'anciens Conſulaires d'aller de maiſon en maiſon raſſurer les chefs de famille, & leur prouver que ſi leurs ancêtres avaient trouvé des reſſources contre Brennus, il leur en reſtait à eux-mêmes de bien ſupérieures contre Annibal. Fabius, le ſage Fabius, entra, avec un zèle héroïque, dans les vues de ſa compagnie: ce grand homme, qui avait paru ſi timide & ſi réſervé lorſque Rome faiſait ſortir quatre-vingt mille hommes de ſes remparts, devenu plus confiant, lorſque cette armée formidable n'était plus, parcourait la Ville, montrant ſur ſon viſage une férénité qui était dans fon ame, faifant reſſouvenir au moindre Plébeyen qu'il était Romain, & l'engageant par-là à le devenir, & prédifant, de ce ton de patriotifme qui vaut bien l'affurance des Oracles, que cette Rome, qu'Annibal m'enaçait de réduire à l'enceinte de fes murailles, allait devenir la Capitale de l'Univers.

Le zèle des defcendans des Brutus & des Camille n'éclatait pas feulement dans Rome. Il y avait dans Canoufe quatre Tribuns Légionaires qui commandaient un refte de nobleffe & de foldats échappés à la journée défaftreufe de Cannes. Scipion, celui qui devait un jour vaincre Annibal à Zama, quoique le plus jeune d'entr'eux, était leur Chef & leur donnait fon ame. Le fils d'un Confulaire vint un jour leur annoncer que ç'en était fait de la République, & qu'il venait d'apprendre qu'un grand nombre de jeunes Patriciens ayant Métellus à leur tête, cherchaient des vaiffeaux dans le deffein de quitter l'Italie , & d'abandonner à fa deftinée une patrie que les Dieux femblaient avoir livrée à l'épée d'Annibal. Le Héros à l'inftant prend confeil de fon courage , fe fait fuivre de quèlques amis que fa vertu lui avait donnés , & entrant, l'épée nue à la main , dans la maifon de Métellus où les lâches transfuges fe trouvaient raffemblés : *Je jure ,* dit-il d'une voix terrible, *que je ne trahirai point Rome par une lâche défertion , & que je ne fouffrirai point que perfonne la trahiffe. Métellus , & vous tous que je vois raffemblés près de lui , répétés mon ferment , ou ç'en éft fait de vos jours , que l'intérêt de l'Etat m'abandonne.* Métellus & fes complices, auffi effrayés que s'ils avaient entendu Annibal lui-même, prononcèrent le ferment de Scipion , & Rome conferva des Citoyens qui , rendus à eux-mêmes , méritèrent dans la fuite de mourir pour la défendre.

Comme Rome s'attendait à chaque inftant à un fiège, dans la crife violente où

elle se trouvait, elle nomma un Dictateur : le choix tomba sur Junius, qui enrôla à l'instant tous les jeunes gens âgés
de dix-sept ans, distribua sur les remparts
quinze cents hommes, que Marcellus avait
détachés de son armée de Sicile, & prit les
mesures de la prudence la plus consommée,
pour que l'inexpérience de Varron n'en-
traînât pas la chûte du Capitole.

Ce Varron, après avoir rassemblé sous
ses drapeaux les restes infortunés de la
déroute de Cannes, prit enfin la route
de Rome. Il semblait que la République
allait lui demander compte de tant de
sang précieux que sa coupable témérité
avait fait répandre. Carthage du moins,
en pareille circonstance, aurait vengé ses
désastres par son supplice ; mais la politique de Rome ne fut jamais celle de sa
rivale ; il ne s'agissait pas ici de prononcer
sur le sort d'un homme, mais sur la destinée d'un peuple ; & l'encouragement
donné à tous les ordres de l'Etat, était
d'une toute autre importance que le spec-

tacle d'une tête illustre tombant sur un échafaud, après une mûre délibération, il fut décidé dans le Sénat qu'on recevrait, pour ainsi dire en triomphe, le Consul qui s'était laissé vaincre par Annibal, parce que, plus courageux que Métellus, il n'avait point songé à chercher une sûreté infamante hors de l'Italie. D'après cette résolution, quand on sut que Varron était à la vue des remparts, la noblesse & le peuple allèrent en foule au-devant de lui, & le remercièrent solemnellement *de ce qu'il n'avait point désespéré du salut de la République.*

Annibal de son côté, qui à mesure qu'il connaissait mieux ses ennemis, les estimait davantage, mais ne les en détestait pas moins, parut se piquer de générosité envers les prisonniers qu'il avait faits à la bataille de Cannes. Les ayant tous fait passer en revue devant sa tente, il fit le plus grand accueil aux Alliés, & les renvoya sans rançon : quant aux Romains, il leur parla avec une feinte douceur, leur dit que ſon projet n'était point d'exterminer leur Nation , & qu'il ne combattait que pour la gloire & pour l'Empire ; enſuite il leur permit de ſe racheter. Ce n'était point l'humanité qui parlait en ce moment au Héros de Carthage, il cédait à l'impulſion de ſon Machiavéliſme. Déterminé, comme il était, à anéantir Rome , il voulait ôter aux ſoldats de cette Puiſſance , cet enthouſiaſme de valeur qui les rendait ſi terribles dans les combats : en abrogeant la loi qui défendait de les racheter, il leur montrait un milieu entre vaincre & mourir , & par-là il les empêchait d'être invincibles. Ce ſtratagême deſtructeur fut rendu inutile par le patriotiſme de Rome.

Les priſonniers avaient député à leur Sénat dix d'entr'eux pour lui faire accepter la capitulation , & Annibal avait fait partir avec eux Carthalon, un de ſes Généraux, afin de traiter de la paix , ſuppoſé que la République pliât ſon orgueil à la demander à ſa rivale ; mais Rome abattue, conſternée, ne se releva un moment que pour donner la loi à ses vainqueurs.

A peine Carthalon fut-il à la vue des remparts, que le Dictateur fit partir un de ses Licteurs, pour lui signifier l'ordre de sortir, avant la nuit, dés terres de la République.

L'affaire du rachat des prisonniers partagea d'abord un peu plus les esprits. Il paraît pour constant qu'ils ne s'étaient point rendus avec ignominie ; ils avaient combattu comme des Héros jusqu'à l'entrée de la nuit, & ce n'était qu'après avoir répété le fameux blasphême d'Ajax :

Grand Dieu ! rends - nous le jour, & combats contre nous ,

que se frayant une route incertaine au travers des cadavres dont la plaine de Cannes était hérissée, ils avaient pénétrés jusqu'à leur camp. Ils n'avaient cédé que le lendemain, lorsqu'enveloppés par une armée victorieuse, & dépourvus de vivres, il leur avait paru impossible de se faire jour au travers des troupes innombrables qui les affiégeaient : une pareille réfiftance femblait mériter, aux yeux d'une politique vulgaire, que la patrie fît dormir un moment la fameufe loi qui ordonnait à tout Romain ayant une épée pour attaquer & un bouclier pour fe défendre, de vaincre ou de mourir fur un champ de bataille.

Manlius Torquatus, perfonnage Confulaire, & que fa févérité, digne des mœurs antiques, rendait recommandable à tous les Citoyens qui avaient l'ame Romaine, ouvrit un avis contraire, & le motiva avec une chaleur que Brutus n'aurait pas défavouée : il fit fentir le danger qu'il y avait à traiter avec un ennemi que Rome n'avait pas vaincu, l'inconvénient d'épuifer le tréfor public pour remplir celui d'Annibal, le mauvais exemple qu'on donnait à tous les Citoyens, en leur faifant entrevoir qu'ils pouvaient fe laiffer vaincre fans fe croire obligés de mourir, & il fut décidé prefqu'unanimement que les prifonniers ne feraient point rachetés.

Rome, pour prouver que des Citoyens qui s'étaient avilis, étaient morts civilement pour elle, enrôla à leur place huit mille esclaves des plus robustes, qu'elle incorpora dans ses légions. Il faut observer que le prix qu'on paya pour ces esclaves, était très-supérieur à celui de la rançon demandée pour les prisonniers d'Annibal.

Les traits de courage & de grandeur d'ame se multiplient dans cette République célèbre, à mesure que l'adversité semble la courber avec plus de force vers la terre. Annibal n'avait exigé, des dix Députés envoyés à Rome pour ses prisonniers de guerre, d'autres garans de leur foi que le serment de revenir dans son camp, si le traité de rançon n'avait pas lieu. L'un d'eux, qui pensait comme le Lysandre de Lacédémone, que l'homme fait, peut se jouer avec les sermens comme l'enfant avec ses osselets, au sortir des retranchemens des Carthaginois, y retourna, comme s'il avait oublié quelques

effets, & crut par-là s'être dégagé de sa
parole. Le Sénat, inftruit de cet attentat
contre la bonne foi, envoya arrêter cet
homme vil, lui donna des gardes, & le
fit ramener dans le camp d'Annibal.

Fin du Tome V.

TABLE
DES CHAPITRES
DU TOME CINQUIÈME
DE L'HISTOIRE
DE L'ANCIENNE ROME.

Fin de la Table des Chapitres.

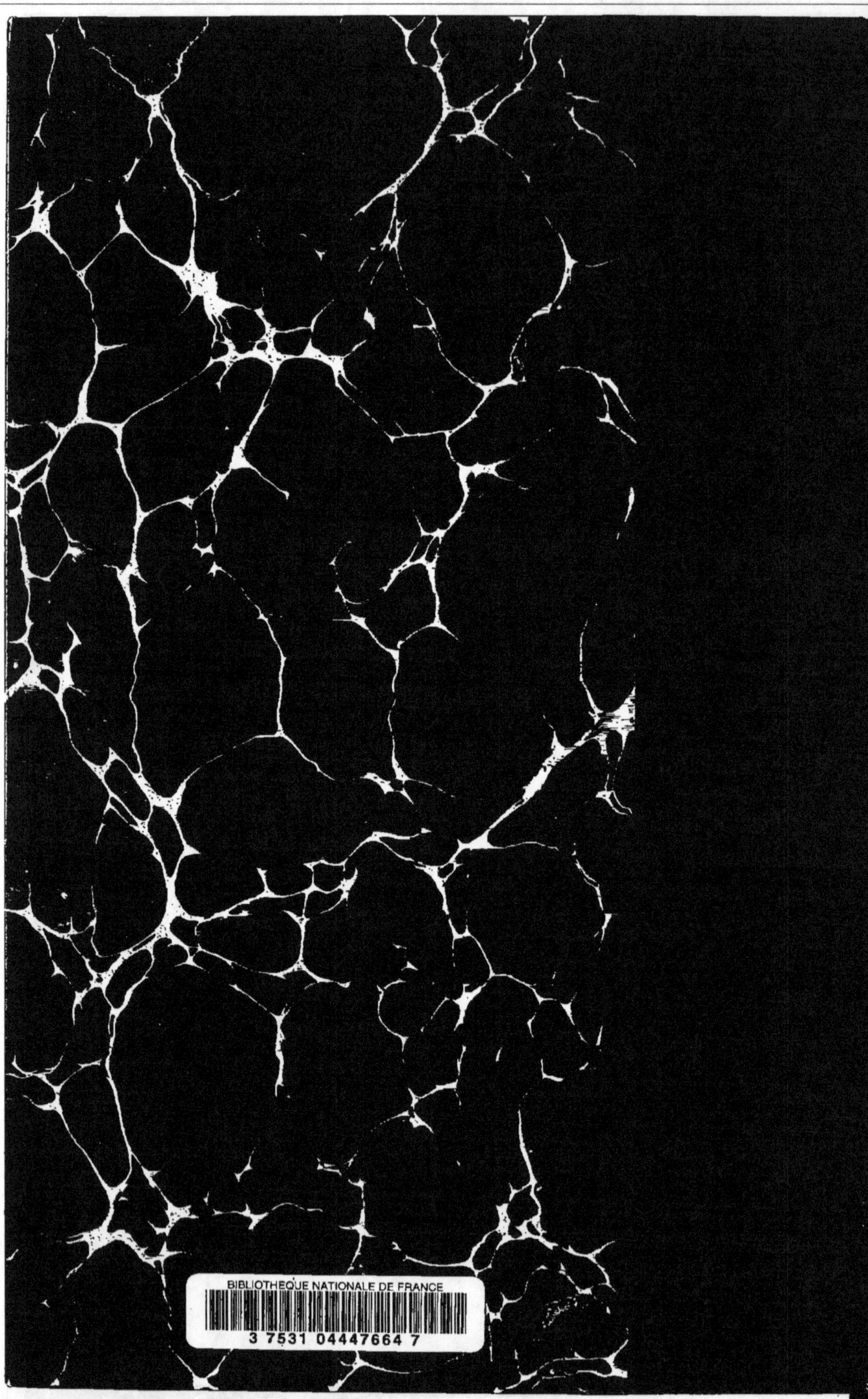

* 9 7 8 2 0 1 3 6 2 1 4 3 4 *